Joachim Winkler

Über das Ehrenamt

AF142472

EHV

Joachim Winkler

Über das Ehrenamt

Wismarer Schriften zu Management und Recht, Band 55

www.wismarer-schriften.de

Winkler, Joachim

Über das Ehrenamt

Wismarer Schriften zu Management und Recht
Band 55

Herausgegeben von:
Prof. Dr. Jost W. Kramer
Prof. Dr. Karl Wolfhart Nitsch
Prof. Dr. Gunnar Prause
Prof. Dr. Andreas von Schubert
Prof. Dr. Andreas Weigand
Prof. Dr. Joachim Winkler

1. Auflage 2011 | ISBN: 978-3-86741-739-6

Inhaltsverzeichnis

Abbildungsverzeichnis

Abkürzungsverzeichnis

AG	Aufsichtsrat
Art.	Artikel
Aufl.	Auflage
BMI	Bundesministerium des Innern
CDU	Christlich Demokratische Union
CSU	Christlich Soziale Union
d. A.	der Autor
DDR	Deutsche Demokratische Republik
ders.	derselbe
DFB	Deutscher Fußball-Bund
DGO	Deutsche Gemeindeordnung
DSB	Deutscher Sportbund
FAZ	Frankfurter Allgemeine Zeitung
ff	fort folgende
HdSW	Handbuch der Sozialwissenschaften
Hrsg.	Herausgeber
Jahrg.	Jahrgang
KZfSS	Kölner Zeitschrift für Soziologie und Sozialpsychologie
LSB	Landes Sportbund
o. J.	ohne Jahr
o. O.	ohne Ort
RGBl	Reichsgesetzblatt
S.	Seite

Vorwort

Die Idee zu diesem Band entstand auf Grund der öffentlichen Resonanz eines von mir gegebenen Interviews zum Ehrenamt, das in der Süddeutschen Zeitung am 8. Mai 2009 veröffentlicht wurde und hier wieder veröffentlicht wird.[1] Die elektronische Version des Interviews wurde im Internet mehrfach repliziert und fand Eingang unter anderem in Twitter und in die Nachrichten einer katholischen Kirchengemeinde. Diese multiple Internetpräsenz führte dazu, dass 2010 mehrfach recherchierende Journalisten über dieses Interview stolperten und Anfragen bei mir auslösten, die häufiger wiederum zu Informationsgesprächen schreibender Journalisten führten, so mit der Deutschen Universitätszeitung, dem Magazin ZEITCampus, der WELT und der ZEIT.[2] Es meldeten sich von den elektronischen Medien der Südwestrundfunk, der Deutschlandfunk und das ZDF, was wiederum in den beiden ersten Fällen zu Interview bzw. Studiogespräch führte. Offensichtlich hatte das Interview eine hohe Öffentlichkeitswirkung.[3]

Dieser unerwartete Boom als Ehrenamtsexperte bestärkte mich, meine theoretischen Vorstellungen zum Ehrenamt, die ich empirisch am Beispiel ehrenamtlicher Funktionsträger in den Sportverbänden belegt hatte, zu verdeutlichen und zu bekräftigen. Seit Fertigstellung meiner Dissertation zum Ehrenamt im Oktober 1985, die 1988 als Buch[4] veröffentlicht wurde, hat mich das Thema weiter beschäftigt. In meiner Zeit als Gesundheitsforscher von 1989 bis 1998 war es eher zweitrangig. Diese Tätigkeit endete aber mit der Ausformulierung eines Forschungsangebotes für eine empirischen Erhebung zur ehrenamtlichen

---

[1] Vgl. Über die Motive von Ehrenamtlichen - Ein Interview, Kapitel 5.1.
[2] Vgl. Bonus für bürgerschaftliches Engagement - Im Studio, Kapitel 5.2.; Pflichtdienst für Jugendliche, Epilog.
[3] Gemeindenachrichten St. Marien (Alt-Oberhausen), Nr. 35, 23. 8. 2009, S. 1 und Nr. 36, 30. 8. 2009, S. 1.
[4] Vgl. Winkler, J. (1988): Das Ehrenamt.

Tätigkeit in Deutschland an das Bundesministerium für Familie, Senioren, Frauen und Jugend, der hier zum ersten Mal veröffentlicht wird.[5] Unser Forschungsinstitut bekam den Zuschlag nicht. Der Auftrag ging an Infratest, das 1999 den ersten Freiwilligensurvey durchführte. Zwischenzeitlich – 1994 – allerdings verdichtete ich meine theoretischen Vorstellungen zum Ehrenamt aus meiner Dissertation in einem Aufsatz, der im vorliegenden Band wieder abgedruckt wird.[6] Dies geschieht, weil die Ergebnisse des gerade genannten Freiwilligensurveys und seine Folgeerhebungen in den Jahren 2004 und 2009 empirisches Material lieferte, das meine Theorie stützt.

Seit Beginn meiner Wismarer Tätigkeit an der dortigen Hochschule kam des Thema Ehrenamtlichkeit wieder in den Fokus. Durch den Aufbau eines Studiengangs Management sozialer Dienstleistungen, in dem die Wohlfahrtsverbände ein zentrales Berufsfeld für die Absolventen dieses Studienganges darstellen, kamen die funktionalen und strukturellen Fragen dieses Organisationstyps, die freiwilligen Vereinigungen oder assoziativen Organisationen, wieder zur Geltung. Sie spielten in den Lehrveranstaltungen zur Organisationssoziologie, zur Organisationsentwicklung und zur Sozialpolitik eine wichtige Rolle.

Der vorliegende Band enthält die oben genannten Arbeiten, die ergänzt werden durch bisher nicht veröffentlichtes Material sowie Arbeiten, die in der Zeit nach der Promotion entstanden sind. Ausgangspunkt und Folie der Argumentation bleibt aber der „zeitlose" Teil meiner Dissertation, die meines Erachtens die erste sozialwissenschaftliche Monographie zum Thema Ehrenamt darstellt. Gerade der heute oft in der Literatur beklagte Mangel an Theorie bestärkt mich zusätzlich, diesen Band vorzulegen. Ich glaube durch das Kapitel „Bausteine

---

5   Vgl. Konzeptualisierung einer empirischen Untersuchung zum Ehrenamt, Kapitel 4.
6   Vgl. Ehre und Amt - Ehrenamtliche Tätigkeit als Teil spezifischer Lebensstile, Kapitel 2.1.

einer Soziologie des Ehrenamtes"[7] habe ich einen wichtigen Beitrag zur Theoriebildung geleistet. Die Wahrnehmung solcher Theorieangebote ist abhängig von der Nachfrage, das habe ich als Dekan einer Fakultät für Wirtschaftswissenschaften gelernt. Mein 1988 veröffentlichtes Theorieangebot ist lange Zeit nicht angenommen worden. Wissenschaft ist auch ein Geschäft, das vom main stream, Moden, Meinungsführern und Mitläufern beeinflusst wird. Inzwischen habe ich das Gefühl, dass meine Vermutungen zum Thema Anerkennung finden.

Wismar, im Mai 2011

Joachim Winkler

---

[7]   Vgl. Winkler, J. (1988): Das Ehrenamt, S. 37-86.

Prolog

Ehrenamtlichkeit im Sport[8] - Ein Verriss im SDR[9]

Sprecher: ... ist es nun der kostenfreie Einsatz im Sinne des Sports. Christian Pitschmann suchte nach Antwort und besuchte deshalb einen Vortrag von Joachim Winkler, einem Soziologen der Universität Köln.[10]

C.P.: Was versteht ihr denn unter Ehrenamtlichkeit?

„Das isch halt wenn sich einer grad als Jugendleiter stellt und er den Job halt in seiner Freizeit macht."

„Ehrenamtlichkeit, heu, ich würd sagen, dass man ebbe seine Freizeit zu Verfügung stellt, sich einsetzt ohne dafür irgendwelche Gegenleistung entgegenzunehmen."

„Eigenes soziales Engagement"

„Isch wenn Leute Freizeit opfern"

C.P.: Ein ehrenamtlicher Trainer übt eine Funktion aus, er ist ehrenamtlicher Funktionsträger also doch Funktionär, oder? Und unter dem Stichwort „Funktionär" findet man in deutschen Wörterbüchern folgende Synonyme: Geschäftsführer, Anstifter, Drahtzieher, Aufseher, Macher, gar Bonze, Häuptling, Fachpapst und Wichtigtuer, wahrlich kein astreiner Steckbrief.[11] Joachim Winkler von der Universität Köln sieht`s ganz anders.

---

8   Gesendet im Süddeutschen Rundfunk: Radio 3 am 3.2.1985.

9   Der Süddeutsche Rundfunk fusionierte 1998 durch einen Staatsvertrag der Bundesländer Baden-Württemberg und Rheinland-Pfalz mit dem Südwestfunk zum Südwestrundfunk.

10   Gemeint ist hier ein Vortrag, den ich unter dem Titel „Ehrenamtlichkeit im Sport. Wie lange noch?" auf dem Sportkreis Jugendtag Stuttgart im Februar 1985 gehalten habe. Der Prolog enthält Mitschnitte meines Vortrages.

11   Die lexikalische Enumeration war Teil meines Vortrages.

14

J.W.: Schaut man sich die ehrenamtlichen Funktionsträger genauer an, sieht das Bild ganz anders aus. Die sozialen Merkmale (soziale Merkmale, darunter verstehe ich Bildung, Einkommen, berufliche Position usw.) deuten auf das Gegenteil. Bzw. unter soziologischen, wissenschaftlichen Gesichtspunkten erscheint eine Analyse des Ehrenamtes immer als eine Ehrenrettung der Ehrenamtlichen.

C.P.: Wer ehrenamtlich tätig ist, muss also bereit sein, seine eigene Lebensführung öffentlich zu demonstrieren, er soll also der Anstandswauwau sein, der Idealmensch also, oder?

J.W.: Das Ehrenamt wurde besetzt mit Personen, die im Beruf erfolgreich sind, die auf Grund ihrer Berufstätigkeit die Möglichkeit haben, die Aufgaben im Ehrenamt zu erfüllen.

C.P.: Jetzt wird's nach Meinung von Joachim Winkler schon schwierig und wenn's wahr sein sollte, was er sagt, dann müssten alle Ehrenamtlichen zu den oberen Hunderttausend gehören.

J.W.: Die Ehrenamtlichen in den Vereinen und Verbänden verfügen in der Regel über ein höheres Bildungsniveau als die Gesamtbevölkerung. Sie verfügen über größere Einkommen und sie sind in höher gelagerten Berufen tätig. Also die Ehrenamtlichen, wenn man sie als Gesamte betrachtet, heben sich gegenüber der Gesamtbevölkerung sehr deutlich hervor. Man könnte fast sagen: Die Ehrenamtlichen als Ganzes im deutschen Sport haben Merkmale, die sie praktisch in gesellschaftliche Eliten stellen lässt.

C.P.: Aha, zur Elite gehört also auch der, der mit psychologischem Feingefühl die Fußballbambinos nach einer Niederlage zur Schnecke macht. Nun darf man aber alle Ehrenamtlichen gerade im Bereich des Jugendsports nicht über einen Kamm scheren. Nicht jeder führt sich wie ein kleiner Napoleon auf und deswegen ist es wohl unangebracht, die Ehrenamtlichen zur Elite zu erklären. Schon gar nicht kann man Leute dazu zählen, die außerhalb des Sports Verantwortungslosigkeit zeigen und versuchen auf dem Fußballplatz Verantwortung nachzuholen durch rüdes Auftreten beispielsweise.

Nun wird die Mitgliederzahl vieler Vereine immer größer. Es gibt mehr Abteilungen, das Angebot wird erweitert. Wer nicht mit dem Trend geht, verliert Mitglieder also auch Geld. Aber je größer ein Verein wird, umso mehr Arbeit liegt vor. Die Ehrenamtlichen sind überfordert. Sie haben schlicht zu wenig Zeit. Die Lösung:

J.W.: Wir müssen davon ausgehen, dass die Hauptamtlichen für bestimmte Aufgaben notwendig sind, um die Ehrenamtlichen zu entlasten.

C. P.: Hört sich gut an. Hauptamtliche und Ehrenamtliche zusammen, job sharing, Arbeitsteilung. Nur ein hauptamtlicher Funktionär kostet Geld; man könnte ja auch Manager zu ihm sagen. Fragt sich nur, wie viele Vereine tatsächlich das Geld dazu haben, sich einen Manager zu leisten. Nur 1,2 % der Vereine in der Bundesrepublik besitzen einen hauptamtlichen Geschäftsführer, Vereine der Fußballbundesliga zum Beispiel.

Vorurteile, so Joachim Winkler, Vorurteile sollte man gegenüber den ehrenamtlichen und hauptamtlichen Mitarbeitern eines Vereins abbauen.

Wenn man die Funktionäre allerdings wie er auf den Podest über die Mitglieder stellt, dann wird´s schwierig, dieser Forderung auch Folge zu leisten. Oder wie war das mit der gesellschaftlichen Elite?

1. Einleitung

Ehrenamt Revisited

Oskar Matzerath sitzt an seinem Notebook und verfasst einen Eintrag in Wikipedia zu Günter Grass. Er tut dies freiwillig, ohne Entgelt und für eine freie, öffentlich zugängliche Enzyklopädie im Internet. Ist er in diesem Moment ehrenamtlich tätig? Oder treibt er vielleicht bürgerschaftliches Engagement?

Das erfundene Bild und die gestellten Fragen verweisen auf ein essentielles Problem. Wie eng oder weit können oder dürfen Definitionen sein, um Gegenstände in der Realität zu kennzeichnen und erkennbar und identifizierbar zu machen? Als an der Empirie geschulter und theoriegeleiteter Soziologe, der Indikatoren operationalisieren muss, braucht man ein klares ja oder nein. Christoph Hassel kommt in seiner Diplomarbeit[12] bezogen auf die erste Frage zu einem eindeutigen Schluss: Es ist keine ehrenamtliche Tätigkeit. Er kommt zu diesem Schluss, weil er eine Definition[13] zu Grunde legt und in einer Befragung von Leuten wie Oskar Matzerath erfährt, dass diese sich auch nicht als „Ehrenamtliche" empfinden. Autoren und Autorinnen in Wikipedia sind mit wenigen Ausnahmen nicht organisiert und haben so auch kein Amt inne, in das sie gewählt oder delegiert worden sind. Die zweite Frage stellt er sich nicht. Nach den definitorischen Vorstellungen der bürgerlichen Engagementforscher wäre es aber ein bürgerliches Engagement. „Übereinstimmend wird allgemein unter Engagement ein individuelles Handeln verstanden, das sich durch Freiwillig-

---

[12] Vgl. Hassel, C. (2007): Das freie Enzyklopädie-Projekt Wikipedia, Diplomarbeit an der Fakultät für Sozialwissenschaften der Universität Bochum, S. 33, abrufbar unter: http://christoph-hassel.de/diplomarbeit_hassel.pdf.

[13] Winkler, J. (1988): Das Ehrenamt – Zur Soziologie des Ehrenamtes dargestellt am Beispiel der deutschen Sportverbände, S. 46, wiedergegeben in Kapitel 4.2.1.

keit, fehlende persönliche materielle Gewinnabsicht und eine Ausrichtung auf das Gemeinwohl auszeichnet (…) Betont wird darüber hinaus das Stattfinden dieser Tätigkeit im öffentlichen Raum, um vor allem Teilhabe, Transparenz, Verantwortung und Dialog durch Öffentlichkeit zu sichern".[14]

Hier könnte man verunsichert sein: Ist das sich Bewegen in virtuellen Gemeinschaften bzw. „computervermittelten sozialen Netzwerken"[15] tatsächlich bürgerschaftliches Engagement oder zeigt sich hier nur die Unschärfe einer Definition?

Die Begriffsgeschichte des Ehrenamtes ist gekennzeichnet durch eine stetige Ausweitung des Geltungsbereiches. Motor dieser Entwicklung waren die Diskussionen im sozialpflegerischen Bereich, in denen versucht wurde auch allgemeine Hilfeleistungen als ehrenamtliche Tätigkeit zu definieren, so z. B. Hans Thiersch: „ehrenamtliche Sozialarbeit kann verstanden werden als eine Form alltäglicher sozialer Hilfe".[16] In diesen Diskussionen spielte die konfliktträchtige Gleichzeitigkeit von beruflicher und freiwilliger Tätigkeit eine wichtige Rolle sowie die immer wieder aufflackernde Idee, krisenhafte Situationen im Sozialstaat und auf dem Arbeitsmarkt könnten durch ehrenamtliche Tätigkeit gelöst werden. Die Folge war eine Ausweitung der Geltungsbereiche. Zum „neuen" Ehrenamt[17] zählte in diesen Diskussionen die Selbsthilfe und die Hilfe in Nachbarschaftskreisen. Die Ausweitung

---

14   Priller, E. (2010): Stichwort: Vom Ehrenamt zum zivilgesellschaftlichen Engagement, in: Zeitschrift für Erziehungswissenschaften 13 (2010), S. 199.
15   Vgl. Stegbauer, C. (2006): Von den Online Communities zu den computervermittelten sozialen Netzwerken, in: ders./Rauch, A.: Strukturalistische Internetforschung.
16   Thiersch, H. (1988): Laienhilfe, Alltagsorientierung und professionelle Arbeit – Zum Verhältnis von beruflicher und ehrenamtlicher Arbeit, in: Müller, S./Rauschenbach, T. (Hrsg.): Das Soziale Ehrenamt, S. 9.
17   Vgl. Rauschenbach, T. (1991): Gibt es ein „neues Ehrenamt"? Zum Stellenwert des Ehrenamtes in einem modernen System sozialer Dienste, in: Sozialpädagogik, Jahrg. 43, 1991, Heft 1.

des Geltungsbereiches gerade im sozialen Bereich führte aber auch dort zu Irritationen bezüglich der Sinnhaftigkeit bzw. der mangelnden Kompatibilität zwischen Definitionen und Gegenständen. Die Enquete-Kommission „Zukunft des Bürgerschaftlichen Engagements" des Deutschen Bundestages eliminierte den Begriff Ehrenamt und ersetzte ihn durch „bürgerschaftliches Engagement". In einem Sondervotum von Mitgliedern der Enquete-Kommission aus der Fraktion der CDU/CSU heißt es dazu: „Der Bericht beschäftigt sich über viele Seiten hinweg mit der Begrifflichkeit des „Bürgerschaftlichen Engagement". Dabei wird zum Teil sehr theoretisch und akademisch der Streit der Wissenschaft über Jahre hinweg aufgezeichnet, ohne dass danach wirklich eindeutig geklärt ist, was damit gemeint ist."[18] Aber die Ausweitung hielt nicht inne. In einem 2009 veröffentlichten „Bericht zur Lage und zu den Perspektiven des bürgerschaftlichen Engagements"[19] wird explizit auch die Hilfe in Familien durch Angehörige, Bekannte und Freunde zum Engagement. Im Verständnis der Sozialarbeit war ehrenamtliche Arbeit eine Ergänzung „primärer Versorgungsnetze (also Familie, Nachbarschaft, Verwandtschaft)",[20] nun werden die Grenzen verwischt bzw. aufgehoben. Aber auch bei den Befürwortern dieser Entwicklung macht sich Unbehagen breit: „Bei einer Ausweitung der Engagementbereiche, der Organisations- und Engagementformen ist zu bedenken, ob der Begriff dem breiten Spektrum der abzubilden-

---

[18] Sondervotum von Mitgliedern der Enquete-Kommission aus der Fraktion der CDU/CSU, in: Deutscher Bundestag: Bericht der Enquete-Kommission „Zukunft des Bürgerschaftlichen Engagements", Drucksache 14/8900, 03.06. 2002, S. 333.

[19] Vgl. WZB (2009): Bericht zur Lage und zu den Perspektiven des bürgerschaftlichen Engagements.

[20] Rauschenbach, T. (1991): Gibt es ein „neues Ehrenamt"? Zum Stellenwert des Ehrenamtes in einem modernen System sozialer Dienste, in: Sozialpädagogik, Jahrg.: 43, 1991, Heft 1, S. 6.

den Sachverhalte künftig noch ausreichend gerecht werden kann".[21] Nur zieht man die falsche Konsequenz: Man schlägt eine neue Begrifflichkeit vor und spricht von zivilgesellschaftlichem Engagement. In der Tendenz erkenne ich hier einen Trend zur Realdefinition, d. h. den Bedeutungsinhalt eines Wortes mit allen Gegenständen zu füllen. Die Gefahren, die dabei auftauchen, sind nicht unerheblich. Realdefinitionen können falsch sein. „Realdefinitionen können aber nicht nur falsch sein, sie können praktisch auch *niemals vollständig* sein".[22] In der Konsequenz sind also Nominaldefinitionen, die Begriffe präzise definieren und operationalisierbar machen, vorzuziehen. Zudem habe ich Bedenken, ob ein in dieser Weise ausgeweiteter Begriff vom Weberschen Begriff des sozialen Handelns überhaupt noch abgrenzbar ist und somit alles Handeln zivilgesellschaftliches Engagement ist.

In der Definitionsdebatte kommt nun ein merkwürdiger und bemerkenswerter Umstand hinzu, der sich nicht auf die Vereinheitlichung der Begrifflichkeit bezieht, sondern eher auf eine Abwertung des Begriffs des Ehrenamtes. „Im Unterschied zum ‚Ehrenamt' steht ‚bürgerschaftliches Engagement' in einer demokratisch-republikanischen Tradition und verweist somit auf den Zusammenhang von Gemeinwesen, Gemeinsinn und Partizipation als aktive Teilhabe am politischen, gesellschaftlichen und sozialen Leben".[23] Zwar hat das Ehrenamt eine staatsnahe Wurzel im öffentlichen Ehrenamt - und daher kommt auch der Name -, aber die Einführung des Ehrenamtes im Rahmen der Stein-Hardenbergischen Reformen war der Beginn einer „Demokratisierung", mit dem Ziel die Bürger zu beteiligen und in der Regel durch Wahl zu delegieren. Ist das keine aktive Teilnahme?

---

[21]   Priller, E. (2010): Stichwort: Vom Ehrenamt zum zivilgesellschaftlichen Engagement, in: Zeitschrift für Erziehungswissenschaften 13 (2010), S. 200.

[22]   Kromrey, H. (2000): Empirische Sozialforschung, S. 162.

[23]   Zimmer, A. (2007): Vom Ehrenamt zum Bürgerschaftlichen Engagement, in: Schwalb, L./Walk, H.: Local Governance – mehr Transparenz und Bürgernähe?, S. 97.

Dieses Gestaltungsprinzip hielt nahezu parallel Einzug in die Entwicklung des Vereins- und Verbandswesen, das sich im 19. Jahrhundert rapide entwickelte. Und die Geschichte des Assoziationswesens zeugt von dem Gegenteil dessen, was oben zitiert wurde. Die Turnvereine waren in keiner Weise in ihrer Entstehungszeit staatstragend. Im Gegenteil, Burschenschaften, Genossenschaften Arbeitervereine waren Entwicklungen, die die demokratisch-republikanische Tradition mit begründeten. Die Einschränkungen der Assoziationsfreiheit im 19. Jahrhundert zeugen von der Gefahr, die den Assoziationen von Staatsseite zugeschrieben wurden. Das genossenschaftliche Denken, das „Du" der Gleichgestellten, die Augenhöhe, der aus den protestantischen Gemeinden geborene Gedanken, der vor Gott Gleichen und Auserwählten war Impuls demokratischer Entwicklung. Das Ehrenamt als zentrales Strukturprinzip des Vereins- und Verbandswesen war sichtbarer Ausdruck dieser Entwicklung.

Annette Zimmer versucht nun das Phänomen des Ehrenamtes von dieser Entwicklung abzukoppeln und es ausschließlich auf öffentliche Ämter zu begrenzen: „In der deutschen Tradition ist ein Ehrenamt somit im Kern eine staatlich abgeleitete Tätigkeit".[24] Gleichzeitig wärmt sie die alte Gratifikationsthese auf: „Als Dank hierfür (freiwillige Leistungen der Honoratioren, eingefügt v. A.) erhielten die Industriemagnaten der Zeit vor allem *Ehre*, die unter anderem in einem gemeinsamen Dinner mit dem Kaiser oder auch nur in einer handsignierten Postkarte seiner Majestät zu Weihnachten bestand".[25] Als ich diese Zitate las, stellte ich mir dies bildlich vor, wie Alfred Krupp zum Kaiser geht, um sich ein Autogrammkärtchen abzuholen.

---

[24] Zimmer, A. (2003): Über Macht und Ehre in Vereinen und Verbänden: Ein Rückblick auf Forschung und Politik, in: Gruppendynamik und Organisationsberatung, 34. Jahrg., Heft 4, 2003, S. 338.
[25] Zimmer, A. (2003): Über Macht und Ehre in Vereinen und Verbänden: Ein Rückblick auf Forschung und Politik, in: Gruppendynamik und Organisationsberatung, 34. Jahrg., Heft 4, 2003, S. 338.

Der Vorwurf der „Staatsnähe" des Ehrenamtes und der Mangel an demokratischen Impulsen aus ehrenamtlichen Tätigkeiten irritiert nicht nur inhaltlich, soziologisch wie historisch, sondern auch weil der Prozess der Umdefinition mit der Enquete-Kommission des Deutschen Bundestages begann. Bundestagsabgeordnete und von den Bundestagsfraktionen vorgeschlagene Experten diskutieren im Auftrag des Gesetzgebers. Kann man noch näher am Staat sein? Andreas Dörner und Ludgera Vogt haben dies sehr schön und modern ausgedrückt: „Der Expertendiskurs blieb also bis in die verabschiedeten Empfehlungen hinein stets gerahmt durch die Funktionslogik etablierter, professionalisierter Politik."[26]

Der Begriff des bürgerschaftlichen Engagements wird von seinen Anhängern auch als politischer Begriff interpretiert: „Der Begriff bürgerschaftlichen Engagement ist normativ besetzt ... und ... in den Worten Christoph Sachße „ein kritisches Potential (beinhalten), das der Alltagsrealität unserer Verfassung gleichsam den Spiegel ihrer eigenen Ansprüche vorhält"".[27]

Spätestens hier will ich als ein der Erklärung von Tatbeständen verpflichteter Soziologe dem Diskurs nicht mehr folgen. Es erinnert mich aber an andere vergangene Diskussionen. Im Rahmen der Diskussionen um eine „Freizeitpolitik" in den 70er Jahren des letzten Jahrhunderts hatte ein damaliger Mitarbeiter des auch heute federführend für das „freiwillige Engagement" zuständigen Ministeriums für Familie, Senioren, Frauen und Gesundheit (damals hieß es noch Bundesminis-

---

[26] Dörner, A./Vogt, L. (2008): Das Geflecht aktiver Bürger, S. 7.
[27] Zimmer, A. (2007): Vom Ehrenamt zum Bürgerschaftlichen Engagement, in: Schwalb, L./Walk, H.: Local Governance – mehr Transparenz und Bürgernähe?, S. 97; vgl. Sachße, C. (2002): Traditionslinien bürgerschaftlichen Engagements, in: Deutscher Bundestag: Bericht der Enquete-Kommission „Zukunft des Bürgerschaftlichen Engagements", Drucksache 14/8900,03.06.2002, S. 23.

terium für Jugend, Familie und Gesundheit) die beteiligten Wissenschaftler im „Schlepptau der Politik und Planung" gesehen.[28]

Gerade das genannte Bundesministerium förderte die wissenschaftliche Forschung zum Ehrenamt massiv. Zum einen gab es eine Studie, die den Wissenstand zum Ehrenamt und freiwilligem Engagement dokumentierte, in Auftrag.[29] Und zum anderen finanzierte das Bundesministerium eine erste bundesweite empirische Erhebung zur Ehrenamtlichkeit, die als Freiwilligensurvey bekannt geworden ist.[30] Diese Erhebung wird regelmäßig wiederholt so wie im Jahre 2004 und 2009.[31] Durch diese Erhebungen ist eine breite Kenntnis über die Empirie des Ehrenamtes entstanden.

Unterbelichtet bleibt aber die theoretische Seite. Zwar bleibt das Ehrenamt Teil der wissenschaftlichen Diskurse in Feldern wie non profit organisation, politische Bewegungen, Neokorperatismus etc. Aber als eigenständiger Gegenstand hat er dezidierte soziologische Anerken-

---

[28] Vgl. Affeld, D. (1975): Im Schlepptau von Politik und Planung – Freizeitforschung – Probleme eines jungen Wissenschaftszweiges, in: Das Parlament Nr. 32, S. 1.

[29] Vgl. Beher, K./Liebig, R./Rauschenbach, T. (1998): Das Ehrenamt in empirischen Studien.

[30] Vgl. von Rosenbladt, B. (Hrsg.) (2001): Freiwilliges Engagement in Deutschland; Braun, J./Klages, H. (2000): Freiwilliges Engagement in Deutschland – Freiwilligensurvey 1999; Picot, S. (2000): Freiwilliges Engagement in Deutschland – Freiwilligensurvey 1999.

[31] Vgl. Gensike, T./Picot, S./Geis, S. (2005): Freiwilliges Engagement in Deutschland 1999-2004; Bundesministerium für Familie, Senioren, Frauen und Jugend (Hrsg.) (2010): Monitor Engagement Ausgabe Nr.2: Freiwilliges Engagement in Deutschland 1999–2004-2009; Gensike, T. (2010): Zivilgesellschaft und freiwilliges Engagement in Deutschland im Lichte des Freiwilligensurveys 1999, 2004 und 2009, in: Zeitschrift für Erziehungswissenschaften 13 (2010); Gensike, G./Geiss, S. (2010): Weniger Engagement bei Jugendlichen, mehr bei den Älteren – Ergebnisse der Freiwilligensurveys 1999, 2004 und 2009, in: Informationsdienst Soziale Indikatoren, Ausgabe 44, August 2010.

nung nicht bekommen. Im Wörterbuch der Soziologie von Karl-Heinz Hillmann findet man keinen Eintrag zum Ehrenamt.[32]

Das Ehrenamt als Struktur- und Funktionalprinzip, vor allem der Vereine und Verbände, blieb weiterhin relativ unbeachtet. Müller-Jentsch hat deshalb auch 2008 beklagt, dass eine Soziologie der Vereine und Verbände bis dato nicht ausgearbeitet ist.[33] Er verweist dabei auf eine viel zitierte Rede Max Webers auf dem ersten deutschen Soziologentag vor ca. 100 Jahren, in der dieser eine Soziologie der Vereine gefordert hat.[34] Auch der Jubiläumskongress der Soziologie 2010 hat hier nicht weitergeholfen.

Das Wiedersehen mit dem Ehrenamt als eigenständiger Gegenstand ist Ziel dieses Bandes. Eingerahmt sind die Überlegungen in einen Prolog und Epilog. Im Prolog wird eine der ersten Vorstellungen meiner Ideen zum Ehrenamt im Radio 1985 wiedergegeben, ein Verriss. 25 Jahre später habe ich im selben Sender (Epilog) meine Ideen zur Grundlage meiner Äußerungen gemacht.

In einem Aufsatz von Georg Anders habe ich in der Vorbereitung dieses Bandes folgendes Zitat gefunden: „Einen besonderen Aspekt in den Sportverbänden erkundete Winkler (1988) mit der Betrachtung des Ehrenamtes. Er sah das Ehrenamt als eine spezifische Form gesellschaftlichen Handelns, als ein Mittel gesellschaftlicher Partizipationsformen. Der Gedanke klingt heute in der aktuellen Diskussion um die Zivilge-

---

[32]   Vgl. Hillmann, K.-H. (1994): Wörterbuch der Soziologie.
[33]   Vgl. Müller-Jentsch, W. (2008): Der Verein – ein blinder Fleck der Organisationssoziologie, in: Berliner Journal für Soziologie, Jhg. 18, Heft 3.
[34]   Vgl. Müller-Jentsch, W. (2008): Der Verein – ein blinder Fleck der Organisationssoziologie, in: Berliner Journal für Soziologie, Jhg. 18, Heft 3, S. 477f.

sellschaft und die Wiederentdeckung des engagierten Bürgers verblüf-
fend vertraut."[35]

---

[35] Anders, G. (2007): Soziologische Sportorganisationsforschung in der Bundesrepublik Deutschland, in: Gesis (Hrsg.): soFid – Sozialwissenschaftlicher Informationsdienst 02/2007, S. 18.

2. Ehre und Amt

2.1. *Ehrenamtliche Tätigkeit als Teil spezifischer Lebensstile*[36]

2.1.1. Ausgangspunkt

Ein Blick in die[37] ersten Randauszählungen einer Erhebung über Inhaber von Ehrenämtern förderte Erstaunliches zutage.[38] Es zeigte sich eine generelle hohe soziale Lage und - eine nicht erwartete - Überrepräsentanz von ehrenamtlichen Funktionsträgern mit protestantischer Konfessionszugehörigkeit. Dies entsprach in keiner Weise dem Bild der Ehrenamtlichen, das vorurteilshaft geprägt ist durch den „Vereinsmeier", der gemeinsam mit Gesinnungsgenossen rein privaten Interessen fröne, losgelöst von jeglicher gesellschaftlicher Bedeutung. Im Lichte dieser ersten Daten schienen die Erklärungsversuche mit Hilfe einer Kompensationsthese in Frage gestellt, die davon ausgeht, dass ehrenamtliche Mitarbeit „Ausgleich für Enttäuschungen und mangelnde Karrierechancen im Beruf, aber auch für ungenügende Anerkennung und Unzufriedenheit in der Familie" sein kann.[39] Woher sollen diejenigen, die in Beruf und Familie erfolglos geblieben waren, die Energie nehmen, in Vereinen und Verbänden ehrenamtlich tätig zu sein, und das dann auch noch ohne die in beiden genannten Bereichen üblichen Gratifikationen? Die ersten empirischen Befunde bestärkten diese Zweifel: Das Sozialprofil der ehrenamtlichen Funktionsträger

---

[36] Dieses Kapitel wurde veröffentlicht in: Vogt, L./Zingerle, A. (Hrsg.) (1994): Ehre – Archaische Momente in der Moderne.

[37] Dieses Kapitel bzw. dieser Aufsatz bezieht sich zentral auf Max Weber, wie es weiter unten deutlich werden wird. Der Anfang ist eine Hommage an Weber, so beginnt seine Arbeit „Die protestantische Ethik und der Geist des Kapitalismus" („Ein Blick in die Berufsstatistik…"). Ich weiß nicht, ob es einem Leser der Erstveröffentlichung aufgefallen ist. Den Herausgebern hatte ich es bei Einreichung des Aufsatzes nicht verraten.

[38] Vgl. Winkler, J. (1988): Das Ehrenamt.

[39] Heinemann, K./Horch, H.-D. (1981): Soziologie der Sportorganisation, in: Sportwissenschaft 11 (1981), S. 141.

wies auf das Gegenteil. Hier waren Personen am Werk, die beruflich erfolgreich waren und Karrieren gemacht haben.

Die These vom Gratifikationsersatz durch Ehre schien dadurch ebenfalls brüchig. Das gerade Angemerkte weist nicht auf die Notwendigkeit von Gratifikationsderivaten für Geld, Erfolg oder Anerkennung und in Bezug auf die Familie für Liebe oder Geborgenheit. Daher scheinen auch Versuche zweifelhaft, das Phänomen der ehrenamtlichen Tätigkeit über den darin enthaltenen Teilbegriff „Ehre" erklären zu wollen.[40] Diese Vermutung wird bestärkt durch den Umstand, dass Max Weber in seiner Herrschaftssoziologie[41] bezogen auf das Ehrenamt von den „Honoratioren" („die Geehrten", die „angesehenen Bürger") spricht. Dies weist auf eine andere Verwendung des Begriffs „Ehre": „Ehre" nicht als Gratifikation, sondern als Bezeichnung eines Besitzes. Das Ehrenamt ist für ihn eine spezifische Form des Amtes im Rahmen „herrschaftsfremder Verbandsverwaltung".[42] Von dieser Seite das Thema anzugehen, verspricht einen möglichen adäquaten Zugang. Wer bekleidet Ehrenämter? Was macht den spezifischen „Besitz von Ehre" aus?

Der zweite empirische Fakt des hohen Anteils „protestantischer" Funktionsträger, der in gesellschaftlichen Führungsgruppen immer wieder

---

[40]   Vgl. Fölsche, E. (1911): Das Ehrenamt in Preußen und im Reich, S. 43. Bereits Fölsche hat in einer (meines Wissens ersten zusammenfassenden) Arbeit über das Ehrenamt auf die Unfruchtbarkeit des Versuches hingewiesen, einen Begriff des Ehrenamtes über den Begriff „Ehre" finden zu wollen. Dies gelte für die Versuche, Ehre als Gratifikationsersatz oder Ehre als spezifische Art der Leistung (nicht Arbeit verrichten, sondern „Ehre leisten") zu betrachten genauso wie für Charakterisierungen über die Begriffe „Ehrenpflicht" oder „Ehrenrecht".

[41]   Vgl. Weber, M. (1972): Wirtschaft und Gesellschaft (Erster Teil, Kap. III: Typen der Herrschaft und Zweiter Teil, Kap. IX: Soziologie der Herrschaft), S. 127.

[42]   Die Ehrenämter ordnet Weber in seiner Typologie der „herrschaftsfremden Verbandsverwaltung" zu. Vgl. Weber, M. (1972): Wirtschaft und Gesellschaft, S. 127.

(und immer noch) zu entdecken ist, weist in die gleiche Richtung. Die bekannte Protestantismus-These Max Webers[43] ist eng verknüpft mit seinem Konzept der „Lebensführung", das wiederum im Zusammenhang mit seiner Herrschaftssoziologie und seinen generellen Versuchen, die Eigenart des „okzidentalen Rationalismus" zu erklären, gesehen werden muss.

Im Folgenden werde ich versuchen, ehrenamtliche Praxis als Teil spezifischer Lebensstile zu interpretieren und dieses aus dem Weberschen Konzept der methodischen Lebensführung abzuleiten. Ich möchte versuchen, aus der historischen Perspektive des öffentlichen Ehrenamtes (im 19. Jahrhundert) und aus der theoretischen, explikativen Perspektive eines Klassikers ein Konzept für die Erklärung des Ehrenamtes in der Moderne zu entwickeln. Im Hintergrund steht das Bemühen, - wenigsten ansatzweise - die von Weber gestellte Aufgabe, „die Bedeutung des asketischen Rationalismus nun auch für den Inhalt der sozialpolitischen Ethik, also für die Art der Organisation und der Funktionen der sozialen Gemeinschaften vom Konventikel bis zum Staat aufzuzeigen"[44] anzugehen.

2.1.2. Grundlegung des Ehrenamtes: Das öffentliche Ehrenamt im 19. Jahrhundert

Der Begriff „Ehrenamt" wurde zum ersten Mal schriftlich in einem Gesetz der Landesgemeindeordnung für Westfalen (erlassen am 19.3.1856) explizit benutzt. Er bezog sich auf das Amt des „Gemeindevorstehers". Dieser sollte (1) von der Gemeindeversammlung gewählt werden, und zwar (2) auf begrenzte Zeit (6 Jahre) und er sollte (3) seinen Dienst unentgeltlich entrichten (nur gegen Dienstunkostenentschädigung). In diesem Gesetz findet ein Institut einen rechtlich fixier-

---

[43] Vgl. Weber, M. (1947): Gesammelte Aufsätze zur Religionssoziologie.
[44] Weber, M. (1947): Gesammelte Aufsätze zur Religionssoziologie, S. 204f.

ten Namen, das beginnend mit den preußischen Reformen bewusst als Organisationsprinzip institutionalisiert wurde, und im Ursprung auf den öffentlichen Bereich bezogen war. Der Begriff Ehrenamt diente zur Kennzeichnung eines spezifischen Amtes.

Die von Stein und Hardenberg initiierten Reformen, insbesondere die Verwaltungsreform, erfolgten nach dem Zusammenbruch des preußischen Staates (1806-07).[45] Für Stein war es erklärtes Ziel, wieder Möglichkeiten der Partizipation für die Bürger zu schaffen. Die Teilnahme der Besitzbürger sollte dazu dienen, zum einen diesen „demokratische" Mitentscheidungsrechte zu bieten und zum anderen eine stärkere Identifikation mit dem Staat zu gewährleisten („Nassausche Denkschrift").[46] Beides hatte die latente Funktion der Staatsentlastung durch die steuerliche Einbeziehung weiterer Bevölkerungsteile. Das zentrale Institut des Gedankens der Selbstverwaltung, vor allem in der Steinschen Städteordnung realisiert, war das Ehrenamt. Das öffentliche Ehrenamt beruhte dabei auf zwei Prinzipien: Die Inhaber der Ehrenämter wurden gewählt und nicht besoldet.

Parallel und seit Beginn des 19. Jahrhunderts, mit ersten Vorläufern im späten 18. Jahrhunderts, erfolgt ein rapides Wachstum des Vereinswesens.[47] Dies wird historisch mit der Entstehung der modernen Industriegesellschaft verbunden. Die Rückdrängung der mittelalterlichen Korporationen, die vorbereitet wurde durch eine Konzessionierung durch den bürokratischen Fürstenstaat, bereitet den Boden für eine in-

---

45   Vgl. Heffter, H. (1950): Die deutsche Selbstverwaltung im 19.Jahrhundert.
46   Vgl. Freiherr vom Stein (1955): Ausgewählte politische Briefe und Denkschriften, S. 109-125. Hinzu trat natürlich auch die latente Funktion der Staatsentlastung.
47   Immer noch zentral in der historischen Vereinsforschung: Nipperdey, T. (1972): Verein als soziale Struktur im späten 18. und 19. Jahrhundert, in: Boockmann, H. et al. (Hrsg.): Geschichtswissenschaft und Vereinswesen im 19. Jahrhundert, S. 1-44. Zum neueren Stand: Dann, O. (Hrsg.) (1984): Vereinswesen und bürgerliche Gesellschaft in Deutschland.

tensive Ausbreitung des Vereinswesens. Die Aufhebung des Zunftzwanges veränderte die feste Einordnung in soziale Netzwerke, die
soziale Zugehörigkeit zu bestimmten Gruppen und die sich daraus er-
gebende klare Kennzeichnung von erwarteter Lebensführung, die die
ganze Person band. Der Ausgleich der dadurch entstehenden „inneren
wie äußeren Verhaltensunsicherheit"[48] wird zum Teil durch die Vereinsbildung bewirkt. Die Dekorporierung bereitet somit den Boden für
die Entstehung von Vereinen, nur - und das ist ein wesentlicher Unterschied - jeweils auf spezifische Zwecke und nicht mehr auf die ganze
Lebensführung bezogen. Aus „freier Gesellung" („Assoziation") zu
spezifischen Zwecken leiten sich Aspekte für die innere Struktur der
Vereine ab, die für unser Thema, dem Ehrenamt, von Gewicht sind.
Die Assoziationsbildung geht einher mit der zunehmenden individualistischen Sichtweise des Lebens und der Zusammenschluss mehrerer
Individuen „beruht auf der Freiheit des auf sich selbst gestellten Menschen".[49] Die Assoziation beruht auf „gleichgestellten" und auf
„gleichgesinnten" Personen, diese handelten gleichberechtigt und die
Beziehungen hatten den Charakter des Vertrages.

Aufgrund der faktischen Bedeutung der Wahl und der zentralen Stellung des Wahlamtes im Steinschen Konzept kommt meines Erachtens
der Wahl als Kennzeichnung des Ehrenamtes eine zentrale Bedeutung
zu. Das gleiche gilt auch für das Ehrenamt in den freiwilligen Organisationen. Gerade nach der Aufhebung des Zunftzwanges im Gewerbe-
steueredikt vom 2. November 1810: „Wer bisher zünftig war, darf dem
Zunftzwang zu jeder Zeit entsagen" (Paragraph 14) beginnt der eigentliche Schub der Vereinsgründung. Die innere Grundlage der Vereine

---

[48]   Siewert, H.-J. (1984): Zur Thematisierung des Vereinswesens in der deutschen
        Soziologie, in: Dann, O. (Hrsg.): Vereinswesen und bürgerliche Gesellschaft
        in Deutschland, Historische Zeitschrift (Neue Folge), S. 157.
[49]   Nipperdey, T. (1972): Verein als soziale Struktur im späten 18. und 19. Jahr-
        hundert, S. 10.

bilden, durch die an den gemeinsamen Zweck gebundene Gleichheit der Mitglieder und die aufklärerischen Ideen, die Prinzipien der internen Rechtsgleichheit (Gleichgesinnte). Diese egalitären Tendenzen (das „Du" in der Anrede bei den Mitgliedern der Turnvereine sei hier als sichtbarer Beleg erwähnt), können als „demokratische" Tendenzen interpretiert werden.[50] Von Beginn an fehlt den Vereinen die strukturelle Notwendigkeit, die Binnenstruktur hierarchisch-bürokratisch zu organisieren und dies bereitet den Boden für die, dem Idealtyp nach, demokratische Strukturierung der inneren Struktur, oder, wie es Max Weber nannte, für die „herrschaftsfremde Verbandsverwaltung und Repräsentantenverwaltung".[51] Ein wesentliches Charakteristikum dieses Strukturprinzips ist die Besetzung der Ämter/Positionen durch die Wahl oder durch die Ernennung/Berufung durch ein durch Wahl legitimiertes Führungsgremium.[52]

In diesem Zusammenhang soll deshalb kurz die rechtliche Ausgestaltung des öffentlichen Ehrenamtes im 19. Jahrhundert skizziert werden, um ein Beispiel für gesetzlich normierte Selektivität zu veranschaulichen. Es lässt sich feststellen, dass nahezu alle öffentlichen Ehrenämter entweder in direkter Wahl durch den jeweils betroffenen Personenkreis oder indirekt durch Wahlmänner oder durch die Bestellung gewählter Gremien besetzt werden. In der Regel müssen alle Wahlen durch entsprechende staatliche Institutionen bestätigt werden. Zugelassen zu Ehrenämtern waren grundsätzlich diejenigen Personen, die über die bürgerlichen Ehrenrechte verfügten. Des Weiteren waren bei

---

[50] Darauf weist – Nipperdey, T. (1972): Verein als soziale Struktur im späten 18. und 19. Jahrhundert – hin. Dort auch eine nähere Beschreibung dieser Tendenzen.

[51] Weber, M. (1972): Wirtschaft und Gesellschaft, S. 169ff.

[52] Heute ist die Wahl als Ausdruck demokratischer Willensbildung in ein verfassungsrechtliches Postulat geronnen: „Soweit Verbände öffentliche Funktionen ausüben, müssen sie im Innern demokratisch verfasst sein" (vgl. Teubner, G. (1978): Organisationsdemokratie und Verbandsverfassung, S. 3).

der Übertragung von Ehrenämtern bestimmte weitere Bedingungen zu erfüllen, die im Prinzip für alle Ehrenämter (mit gewissen Ausnahmen) galten. Auf die Bestimmungen über Alter, die Reichszugehörigkeit und den Wohnsitz soll nicht näher eingegangen werden.[53]

Frauen waren in der Regel von öffentlichen Ehrenämtern ausgeschlossen. Kurioserweise wird erst in der „Landgemeindeordnung für die östlichen Provinzen" (1891) ein ausdrückliches Verbot formuliert. Fölsche (1911) argumentiert in diesem Zusammenhang damit, dass in den verschiedenen Ordnungen der Ausschluss von Frauen nicht erwähnt wurde, weil „damals (1853, d. A.) niemand daran (dachte), dass eine Frau ein öffentliches Amt bekleiden könne; es war so selbstverständlich, dass dessen einer Erwähnung nicht bedurfte".[54]

Der Ausschluss von öffentlich-politischen Ehrenämtern korrespondiert mit den Ausnahmen, in denen eine ehrenamtliche Tätigkeit von Frauen möglich ist. Diese begrenzen sich auf den familiären und sozialen Bereich. Dazu gehörten die Vormundschaft, der Familienrat, die Schuldeputation (für Lehrerinnen), die Krankenkasse sowie Ämter in der Armenverwaltung. Das Ehrenamt der „Waisenpflegerin" hingegen war für Männer nicht zugänglich, da Frauen hierzu „naturgemäß allein befähigt (sind)".[55]

---

[53] Vgl. Fölsche, E. (1911): Das Ehrenamt in Preußen und im Reich, S. 55ff.

[54] Fölsche, E. (1911): Das Ehrenamt in Preußen und im Reich, S. 61. Fölsche ging davon aus, dass zu seiner Zeit trotz mangelnder Rechtsfixierung, der Ausschluss von Frauen gerechtfertigt sei, das dies empirisch sowieso so war, steht außer Frage. Seine Begründung soll zitiert werden, obwohl dies nicht zum eigentlichen Thema gehört. Es zeigt aber, inwieweit man damals bereit war, um Frauen von öffentlicher Tätigkeit auch weiterhin auszuschließen, eigene Rechtsprinzipien wieder zu verlassen: „Wenn nach dem Buchstaben des Gesetzes die Frau berechtigt wäre, so ist sie durch Gewohnheitsrecht (sic!, d. A.) ausgeschlossen; hier besteht wirklich einmal die allgemeine Überzeugung, dass die tatsächliche Übung eine rechtsverbindliche sei".

[55] Fölsche, E. (1911): Das Ehrenamt in Preußen und im Reich, S. 62.

Betrachtet man das moderne Ehrenamt, sind Parallelen nicht zu leugnen. In den Ehrenämtern des öffentlich-politischen Bereichs sind Frauen unterrepräsentiert. In den Organisationen der freiwilligen Wohlfahrtspflege (die ihren Ursprung in der städtischen Armenverwaltung hat), sind Frauen überrepräsentiert und besetzen im Rahmen der freiwilligen Helfer einen Anteil von Zweidrittel.

Die wesentlichen Bestimmungen zur Befähigung ehrenamtlicher Tätigkeit sind die zur „Selbständigkeit" und zu den Bedingungen über Steueraufkommen, Grundbesitz und Berufszughörigkeit. Die „Selbständigkeit" bedeutete im 19. Jahrhundert nicht nur die Volljährigkeit (21 Jahre), sondern die Geschäftsfähigkeit (24 Jahre, Verfügbarkeit über eigenes Vermögen).

Für einzelne Ehrenämter sind die Bedingungen einer ökonomischen Grundlage noch konkreter gefasst und an eine bestimmte „Steuerveranlagung", den „Besitz eines Wohnhauses" oder den „Besitz eines bestimmten Gewerbes" gebunden. Die Berechtigung, ein Ehrenamt in den Berufsvertretungen (den Kammern, deren Prüfungsausschuss und Gerichtsbarkeit) zu übernehmen, war an die Zugehörigkeit zu den jeweiligen Berufen gebunden (wie in der Landwirtschaft, im Handwerk, Handel, Anwälte, Ärzte und Apotheker).

In der rechtlichen Normierung des Zugangs zu Ehrenämtern wird so eine starke soziale Selektivität deutlich, die Personen bevorzugt, die über Besitz verfügen, d. h. zu den höheren Sozialschichten gehörten.[56] In der ersten Hälfte des 19. Jahrhunderts war der Kreis der Berechtigten auf die „Besitzbürger", die Grundbesitzer und Gewerbetreibenden begrenzt. Mitte des 19. Jahrhunderts wird dieser Kreis erweitert durch

---

[56] Illustrieren lässt sich dies durch die Bestimmungen zur Wahl zum Reserveoffizier (ein Ehrenamt!) in der Preußischen Heeresordnung vom 22.11.1888, 47 2a. Voraussetzung ist „eine gesicherte bürgerliche Existenz", zitiert nach Fölsche, E. (1911): Das Ehrenamt in Preußen und im Reich, S. 66.

die „Bildungsbürger" (durch die Gemeindeordnung vom 11. März 1850 wurde nicht mehr zwischen Bürger und „Schutzbefohlenem" unterschieden, sondern der Bürgerstatus über den Zensus definiert). Die Merkmale des öffentlichen Ehrenamtes wurden hier skizziert, um den folgenden Abschnitt zur Weberschen Definition der Honoratioren vorzubereiten, denn diese bezieht sich mit frappierender Parallelität auf diese Regelungen.

2.1.3. Ehrenamt und „Lebensführung" (Max Webers Definition der „Honoratioren")

Wenn Max Weber von „Honoratioren" spricht, meint er die Inhaber von Ehrenämtern. In seinen „Typen der Herrschaft" beginnt er mit der Betrachtung der „legalen Herrschaft mit bureaukratischem Verwaltungsstab". In dieser weist er darauf hin, dass Herrschaftsausübung in diesem Fall sachlich-rational, kontinuierlich und im Hauptberuf erfolgt. Er verweist definitiv die „Ehrenämter" in den Komplex herrschaftsfremder Verbandsverwaltung, da diese weder im Hauptberuf[57] noch kontinuierlich erfolgt.[58] Daraus ergibt sich die Verknüpfung von Ehrenamt und Honoratiorenamt.[59] Der Ort des Handelns von Honoratioren sind „Verbände", die charakterisiert werden durch den Wunsch,

---

[57] „Ämter im Nebenberuf" und vollends „Ehrenämter" gehören in später (19f, = Herrschaftsfremde Verbandsverwaltung, d. A.) zu erörternde Kategorien. Der typische, „bureaukratische" Beamte ist Hauptberufsbeamter. Vgl. Weber, M. (1972): Wirtschaft und Gesellschaft, S. 127.

[58] „Man darf sich durch alle scheinbaren Gegeninstanzen, seien es kollegiale Interessenvertretungen oder Parlamentsausschüsse oder „Räte-Diktaturen" oder Ehrenbeamte oder Laienrichter oder was immer (und vollends durch das Schelten über den „hl. Bureaukratismus") nicht einen Augenblick darüber hinwegtäuschen lassen, dass alle kontinuierliche Arbeit durch Beamte in Bureaus erfolgt." Vgl. Weber, M. (1972): Wirtschaft und Gesellschaft, S. 128.

[59] Weber unterscheidet allerdings insoweit, als er „Honoratiorenherrschaft" (als Sonderform traditionalistischer Herrschaft) von den „Funktionären der reinen Demokratie" durch den Charakter des „Turnus-Ehrenamtes" der letzteren abgrenzt. Vgl. Weber, M. (1947): Gesammelte Aufsätze zur Religionssoziologie, S. 273.

Herrschaft zu minimieren. Dazu liegen bestimmte organisatorische Techniken vor, die Weber unter den Begriff der „genuin unmittelbaren Demokratie"[60] fasst und die allerdings ihre Grenze in einer bestimmten Größe und in einem bestimmten Verwaltungsaufwand findet. Die manifesten Vertreter dieser Verbände sind die Honoratioren. Max Weber definiert: „§ 20: „Honoratioren" sollen solche Personen heißen, welche 1. Kraft ihrer ökonomischen Lage imstande sind, kontinuierlich nebenberuflich in einem Verband leitend und verwaltend ohne Entgelt oder gegen nominalen oder Ehren-Entgelt tätig zu sein, und welche 2. eine, gleichviel worauf beruhende, soziale Schätzung derart genießen dass sie die Chance haben, bei formaler unmittelbarer Demokratie kraft Vertrauens der Genossen zunächst freiwillig, schließlich traditional, die Ämter inne zu haben. Unbedingte Voraussetzung der Honoratiorenstellung in dieser primären Bedeutung: für die Politik leben zu können, ohne von ihr leben zu müssen, ist ein spezifischer Grad von „Abkömmlichkeit" aus den eigenen privaten Geschäften. Jede unmittelbare Demokratie neigt dazu, zur „Honoratiorenverwaltung" überzugehen. Ideell: weil sie als durch Erfahrung und Sachlichkeit besonders qualifiziert gilt. Materiell: weil sie sehr billig, unter Umständen geradezu: kostenlos, bleibt. Der Honoratiore ist teils im Besitz der sachlichen Verwaltungsmittel bzw. benutzt sein Vermögen als solches, teils werden sie ihm vom Verband gestellt".[61]

Weber stellt die sozialen Merkmale: Nebenberufscharakter, unentgeltliche Tätigkeit, zeitliche Disponibilität (Abkömmlichkeit) und ökonomischer Besitz heraus, oder anders ausgedrückt: die soziale hohe Stellung der Inhaber solcher Positionen. Erinnern wir uns der Skizze des preußischen Ehrenamtes im vorhergehenden Abschnitt, wird die Identität beider augenfällig. Kennzeichen des „Ehrenamtes" sind der sozia-

---

60   Weber, M. (1972): Wirtschaft und Gesellschaft, S. 171.
61   Weber, M. (1972): Wirtschaft und Gesellschaft, S. 170.

le Hintergrund der Inhaber der Ämter und ihre soziale Legitimität. Das erstere wird gewährleistet durch den Besitz von „ständischer Ehre", das zweite durch demokratische Legitimität (Wahl). Grundsätzlich ist für ihn die „ständische Lage" eine „soziale Schätzung", die sich durch eine spezifische „Lebensführungsart", anerzogen und manifest durch entsprechende Lebensformen, und durch ein spezifisches Prestige (durch Abstammung oder Beruf) ergibt.[62] Der zentrale Ausdruck der ständischen Ehre liegt für Weber „in der Zumutung einer spezifisch gearteten Lebensführung an jeden, der dem Kreise angehören will".[63] Die Demonstration jeweils spezifischer „ständischer Ehre" durch eine spezifische Lebensführung führt zu einer „Monopolisierung ideeller und materieller Güter oder Chancen".[64] Das Kennzeichen dabei ist darum die Funktion, die darin besteht „Distanz" zu schaffen und „Exklusivität" zu demonstrieren. Diese kann „Vorrecht auf bestimmte Trachten", in der „Tabuierung anderer versagten Speisen", in „Arten der Amtsausübung", in der Monopolisierung der Heiratschancen, bestimmter Berufspositionen und bestimmter Ämter ausdrücken.[65]

In moderne Begrifflichkeit übersetzt heißt dies, der Status von Gruppen zeigt sich in einem spezifischen Lebensstil, der mit einem spezifischen Prestige (und Macht) verbunden ist.[66]

---

62 Vgl. Weber, M. (1972): Wirtschaft und Gesellschaft, S. 180.
63 Weber, M. (1972): Wirtschaft und Gesellschaft, S. 535.
64 Vgl. Weber, M. (1972): Wirtschaft und Gesellschaft, S. 537.
65 Vgl. „Denn die maßgebende Rolle der „Lebensführung" für die ständische „Ehre" bringt es mit sich, dass die „Stände" die spezifischen Träger aller „Konventionen" sind: alle „Stilisierung" des Lebens, in welchen Äußerungen es auch sei, ist entweder ständischen Ursprungs oder wird doch ständisch konserviert" Weber, M. (1972): Wirtschaft und Gesellschaft, S. 537.
66 Gerade an diesen Ansatzpunkt Webers hat in neuerer Zeit Pierre Bourdieu angeknüpft und meines Erachtens zum Ausgangspunkt seiner Theorie der feinen Unterschiede genommen. Vgl. Bourdieu, P. (1982): Die feinen Unterschiede; siehe hierzu auch Winkler, J. (1989) : Monsieur le Professeur ! Anmerkungen zur Soziologie Pierre Bourdieus, in: Sociologia Internationalis 27 (1989), Heft 1; Blasius, J./Winkler, J. (1989): Gibt es die „feinen Unterschie-

Dieser Gedankengang öffnet für unser Thema den Weg, die hohe soziale Lagerung der Inhaber von Ehrenämtern zu erklären. Geht man davon aus, dass die Ausübung bestimmter Ehrenämter als Rollensegmente in den Rollenkonfigurationen[67] von Personen betrachtet werden können und unterscheidet man zwischen peripheren und zentralen Rollensegmenten, werden i. d. R. die Ehrenämter den peripheren zuzuordnen sein. Wenn nun aber Ehrenämter in der Rollenkonfiguration von Personen auftauchen und diese als nicht zentral-funktional, also als nicht zentral für die Bewältigung des grundlegenden sozialen Lebens wie etwa Lebensunterhalt und Reproduktion, gewertet werden müssen, werden sie aber nicht beliebig an die Rollenkonfiguration angebunden. Die scheinbare Kontingenz äußerlich peripherer Rollensegmente wird reduziert durch die Bindung an zentrale Rollensegmente, d. h. nicht zentral-funktionale Rollensegmente werden kombiniert mit bzw. geknüpft an zentrale Segmente. Die ersteren sind Ausdruck zentraler Segmente. Es gibt nur spezifische Kombinationen von beiden und sie ergeben sich aus der durch die zentralen Rollensegmente induzierten Lebensführung. Die daraus abzuleitende These ist, nur Personen mit bestimmten Berufspositionen werden auch bestimmte Positionen ehrenamtlicher Tätigkeit innehaben bzw. überhaupt zu besetzen trachten. Oder anders ausgedrückt: In der engen Verknüpfung von Status, Prestige und Lebensstil sind Ehrenämter Ausdruck dieser Merkmale, sie sind Indikator. Wenn das aber so ist, kann die Übernahme von Ehrenämtern nicht durch die kompensatorische Suche nach Prestige motiviert sein. Die Karriere im Ehrenamt wird dann an die Karriere im Beruf, als zentraler Vermittler von Sozialprestige, gekoppelt sein.

---

de"? Eine empirische Überprüfung der Bourdieuschen Theorie, in: Kölner Zeitschrift für Soziologie und Sozialpsychologie 41 (1989), Heft 1.

67 Diese ist von Erwin K. Scheuch ausgearbeitet worden; vgl. hierzu: Scheuch, E. K./Kutsch, T. (1975): Grundbegriffe der Soziologie.

Die Bedeutung des Konzeptes der Lebensführung bzw. des Lebensstils führt auch in der Frage der Motive weiter. In der Einleitung wies ich auf die analytische Chance, über den Weg der Protestantismusthese Webers in diesen Problembereich einzudringen, hin: Die durch den lutherischen Berufspflichtgedanken und die protestantische Berufsethik implizierte Lebensführung - später in säkularisierter Form im okzidentalen Rationalismus institutionalisiert - bleibt nicht beschränkt auf den Bereich der Berufstätigkeit, sondern betrifft die ganze Lebensführung, d. h. berührt auch Bereiche gesellschaftlicher Tätigkeit (z. B. in Form des Ehrenamtes). Eine spezifische Berufsethik und eine spezifische Ethik gesellschaftlichen Engagements waren dann Teil einer spezifischen Art der Lebensführung. Dies soll in den beiden folgenden Abschnitten theoretisch abgeleitet werden.

2.1.4. Die „methodisch-rationale" Lebensführung

Weber hat sich dezidiert auf die Wirkungen des asketischen Protestantismus auf das Handeln im Beruf beschränkt, da es ihm um den Zusammenhang zwischen protestantischer Ethik und „Kapitalismus" ging. Er hat aber (1) immer wieder auf die Bedeutung des protestantischen Weltbildes für die ganze Lebensführung, für die rational methodische Gestaltung des Handelns in der Welt hingewiesen und (2) auch auf seine Bedeutung für weitere Lebenssphären, insbesondere für die Gestaltung des sozialen Lebens.

Der Gedanke, ein religiöses Weltbild wirke auf die ganze Lebensführung, da es ein Ethos hervorbringt, das das gesamte Inventar des Handelns bestimmt, ist für unsere Betrachtung ein spezifisches Relais. Wenn der asketische Protestantismus ein spezifisches Ethos des Wirtschaftens hervorbringt, wie Weber herausarbeitete, und wenn dessen Eigenart in einer „rationalisierten", d. h. methodischen Lebensführung zu sehen ist, ist der Weg geebnet auch in anderen Lebenssphären, außerhalb der Berufswelt, Wirkungen dieses Ethos zu suchen und zu entdecken. Die Frage ist also: Zeigt sich auch in sozialen und politischen Bereichen ein auf den asketischen Rationalismus zurückgehender Ethos gesellschaftlicher, d. h. sozialer und politischer Beteiligung? Und bezogen auf unser Thema: Zeigt sich hinter der empirischen Faktizität des Ehrenamtes und der ehrenamtlichen Tätigkeit ein funktional äquivalentes Ethos gesellschaftlicher Verantwortung?

Max Weber hat den Prozess der Entzauberung und Säkularisierung auch in seinem Aufsatz „Die protestantischen Sekten und der Geist des Kapitalismus"[68] anhand der amerikanischen Situation ausgearbeitet und veranschaulicht. Dieser bietet für unsere Argumentation gleichzeitig die Möglichkeit des Übergangs zur Frage nach dem Ethos gesellschaftlich sozialer Beteiligung auch gerade in Vereinen und Verbänden. Weber stellte sich darin die Frage, warum gerade in den USA, in denen eine Trennung von Staat und Kirche institutionalisiert ist, im privaten, gesellschaftlichen und geschäftlichen Verkehr die Frage nach der Konfessionszugehörigkeit gestellt wird. Er verknüpfte diese Frage mit der Beobachtung, dass in den USA diejenigen, die über eine hohe soziale Stellung verfügen oder sie erwarben, Mitglieder verschiedenster Sekten waren. Als Schlüssel der Beantwortung nennt er den Bewährungsgedanken. Man konnte nur Mitglied sein, wenn man sich einer Lebensführung (einem „Wandel") unterzog, der einen als ethisch qualifiziert auswies. Die Zugehörigkeit war dann der Ausweis für eine qualifizierte Persönlichkeit. Das Wichtigste für die Einschätzung anderer ist dann, dass Mitglieder sich einer Prüfung unterziehen mussten und durch ethische Bewährung zeigen konnten, dass sie einer methodischen Lebensführung folgten, die dem Ideal der innerweltlichen Askese des Protestantismus entsprach (die Zugehörigkeit als „Prämie").[69] Das Prinzip der Aufnahme durch die Prüfung und Bewährung („Ballo-

---

68 Weber, M. (1947): Gesammelte Schriften zur Religionssoziologie.
69 Vgl. Weber, M. (1947): Gesammelte Schriften zur Religionssoziologie.

tage") beschränkt sich aber zusehends nicht nur auf Sekten, sondern die „Prüfung der Qualitäten und Prinzipien methodischer Lebensführung"[70] wirkte auch in anderen gesellschaftlichen, sozialen Zusammenschlüssen. Gerade für die Clubs und Gesellschaften in Amerika gilt dies Muster der „Ballotage". Trotz egalitärer Grundtendenz spielen diese in Amerika eine zentrale Rolle bei der Zuweisung gesellschaftlicher Positionen und Bedeutung. Nicht nur das Einhalten bürgerlicher Konventionen, sondern auch die Zugehörigkeit zu spezifischen Clubs und Assoziationen (und Sekten), inzwischen losgelöst von religiösen Weltbildern, war notwendig und setzte voraus, dass diese auf der Grundlage der „Ballotage" (Wahl/Aufnahme) die Mitglieder prüften und die Einhaltung dieser Tugend sicherten. Die Grundlagen dieser Mechanismen sind zusammengefasst: (1) Das bereits genannte Prinzip der Bewährung durch „Glaube" und Lebensführung und (2) der spezifische Gemeindecharakter, d. h. die Sekten als „Verein der religiös Qualifizierten". Dieser konstituiert sich durch die besondere Bedeutung des „Abendmahls"; der „Wandel" entscheidet über die Zulassung zum Abendmahl und wird ständig kontrolliert durch die anderen Gemeindemitglieder („Kirchenzucht"). Das Spezifische der protestantischen „Kirchenzucht" ist dabei für Weber die Tatsache, dass diese in den Händen von Laien lag, dass diese dazu führte, eine ständige „Selbstbehauptung" notwendig werden zu lassen und dadurch wiederum spezifische persönliche Qualitäten erzeugte. Ein Mitglied musste, „um sich in diesem Kreis zu behaupten, den Besitz dieser Qualitäten dauernd bewähren: sie wurden in ihm konstant und kontinuierlich gezüchtet".[71]

Der Bewährungsgedanke führte also nicht nur zur „jenseitigen Seligkeit", zur Erlangung des Heils, sondern bestimmte auch die „diesseiti-

---

[70] Weber, M. (1947): Gesammelte Schriften zur Religionssoziologie, S. 214.
[71] Weber, M. (1947): Gesammelte Schriften zur Religionssoziologie, S. 234.

ge ganze soziale Existenz". Die „soziale Selbstbehauptung im Kreise der Genossen" war das zentrale Mittel, um zu einer Verinnerlichung des spezifischen - methodisch-rationalen - Lebensstils zu zwingen und zu führen. Für Weber ist dies zentral für die Säkularisation des ursprünglich religiös abgeleiteten asketisch-protestantischen Lebensstils, denn dieser wird zur Grundlage von individuellen Interessen und Motiven, da Selbstbehauptung auch bezogen auf die gesellschaftliche Stellung notwendig wird. Ein „ethisches Verhalten" wird prämiert durch Sicherung des Gnadenstandes und der sozialen Existenz. Das Ethos löst sich im Prozess der Entzauberung von der Lehre einer Religion. Er wird zu einem Ethos des modernen Bürgertums.

Der religiöse Status einer Person durch Bewährung wandelt sich funktional äquivalent zu einem gesellschaftlichen Status aufgrund persönlicher Leistung, die sich in den „Prämien" von geschäftlichem Erfolg und Erwerb niederschlägt. Die Institutionalisierung und Säkularisation eines Weltbildes betrifft aber nicht nur die „Verinnerlichung" eines Lebensstils, sondern auch die Bildung eines spezifischen organisatorischen Rahmens, eines institutionellen Handlungsnetzes. Im Ursprung ist ein Modell (parallel zur Entwicklung des Bewährungsgedankens) die Gemeinde. Dieses impliziert drei spezifische Merkmale: die „Gemeinde" entscheidet souverän und verwaltet sich selbst, die Kontrolle liegt so in den Händen von „Laien".[72] Für die Prozesse gesellschaftlicher Differenzierung, wie die beschriebenen Aspekte auch gekennzeichnet werden können, lassen sich so nicht nur Wurzeln für den „In-

---

[72] Die „Laienherrschaft" (in unterschiedlicher Ausprägung) führt in den protestantischen Sekten zur Freiheit der „Laienpredigt", die im Gegensatz zu dem „theologischen Berufspredigertum" der sakramentalen Amtskirchen steht. Das hatte auch zur Folge, dass „nur das Charisma, nicht Schulung und Amt gelten (sollte)". Und so der „Prediger nur im Ehrenamt" (! D. A.) oder gegen Ehrengaben oder nur im Nebenberuf und gegen Kostenersatz tätig war". Weber, M. (1947): Gesammelte Schriften zur Religionssoziologie, S. 230.

dividualismus" erkennen, sondern auch Wurzeln der freien Assoziation bzw. der modernen Vereinsbildung.

Die Frage stellt sich nun, welche Wurzeln für Antriebe zum Handeln im sozialen, gesellschaftlichen Bereich zu entdecken bzw. ob diese nicht auf die gleiche Wurzel wie die Berufsidee zurückzuführen sind. Ist die Motivation zu ehrenamtlicher Tätigkeit als äquivalent zum behandelten Ethos zu betrachten? Gibt es einen Zusammenhang zwischen Berufsidee und öffentlicher Teilnahme? Oder: Inwieweit wirkt das Ethos der „Weltbeherrschung" auch auf die bewusste Gestaltung und die Beteiligung an der politischen und sozialen Ordnung?

2.1.5. Gesellschaftliches Engagement als Teil rationaler Lebensführung

Logisch wäre es einfach unter der Annahme, das asketische Handlungsethos wirke auf die ganze Lebensführung, dieses auch für den gesellschaftlichen-sozialen, d. h. öffentlichen Bereich zu deduzieren. Es soll aber hier versucht werden, skizzenhaft nachzuzeichnen, ob nicht bereits für die vorsäkulare Ausgestaltung der methodischen Lebensführung im asketisch-protestantischen Sinne ein Bezug zum Handeln in spezifischen gesellschaftlichen Bereichen hergestellt werden kann. Hierzu greife ich auf Studien von Ernst Troeltsch zurück.[73] Der Prädestinationsgedanke führt zu einem spezifischen Individualismus, wie bereits mit Weber erläutert wurde, nur Troeltsch fasst diesen seiner Wirkung nach weiter, da er die Antriebe für das Handeln, das Aktivitätspotential, liefert, um „nach allen Seiten" zu wirken, als „voller Einsatz

---

[73] Vgl. Troeltsch, E. (1911): Die Bedeutung des Protestantismus für die Entstehung der neuen Welt; Troeltsch, E. (1912): Die Soziallehren der christlichen Kirchen und Gruppen. Troeltsch kannte die Studie Webers über die „Protestantische Ethik" bei der Bearbeitung des letzten Buches, während Weber wiederum dieses Buch bei Abfassung seiner Studie zu den „Protestantischen Sekten" kannte. Beide haben sich gegenseitig beeinflusst und ihre Arbeiten als jeweilige Ergänzung empfunden.

der Person in Welt- und Gemeinschaftsaufgaben".[74] Die Aktivitäten beschränken sich nicht nur auf einen, den beruflichen Bereich. Und in der Verknüpfung mit dem Gemeindegedanken, als „Verein der religiös Qualifizierten", muss dieser für die verschiedenen gesellschaftlichen Bereiche auch Institutionalisierungen durchführen, „mit deren Hilfe die Gemeinde nach allen Seiten des Lebens in Kirche, Familie, Staat, Gesellschaft und Wirtschaft, in allen privaten und öffentlichen Beziehungen dem göttlichen Geist und Wort gemäß gestaltet wird".[75]

Das Egalitätsdenken in der Gemeinde (alle sind ja gleich „Qualifizierte") führt dann auch zur Ausbildung von Mechanismen der Selbstverwaltung der „Gemeinden".[76] Aus der Verknüpfung des Prädestinationsgedankens und des Gemeindegedankens „erklärt sich im ganzen Calvinismus die gleichzeitige Richtung auf aktive Gemeinschaftsgestaltung und auf persönliche Leistung, verbunden mit der methodisch rationalisierten, auf das Ziel der jenseitigen Seligkeit orientierten Planmäßigkeit und Vollständigkeit des Handels".[77] Die Folge der auf einem spezifischen religiösen Weltbild aufgebauten Legitimationsfiguren für das Handeln ist für Troeltsch dann nicht mehr nur eine spezifische Berufsethik, sondern auch die „organisierte und aggressive Gemeindebildung" und die „planmäßige Bearbeitung des gesamten Gesellschaftsleben".

Troeltsch benutzt wie Weber den Idealtyp des „innerweltlichen Asketen", den spezifischen protestantischen „Menschentyp" zur Kenn-

---

[74] Troeltsch, E. (1912): Die Soziallehren der christlichen Kirchen und Gruppen, S. 623.

[75] Troeltsch, E. (1912): Die Soziallehren der christlichen Kirchen und Gruppen, S. 626

[76] In der calvinistischen Kirchenverfassung werden neben dem Amt des Geistlichen zudem die Positionen eines „theoretischen Theologen", des Diakons (als Armenpfleger) und das „Zuchtgericht" verankert, wobei das letztere, neben dem Geistlichen, gewählte Gemeindemitglieder umfasst.

[77] Troeltsch, E. (1912): Die Soziallehren der christlichen Kirchen und Gruppen, S. 642.

zeichnung der Besonderheit des asketischen Protestantismus. Dieser bezieht sein Handeln auf politische, wirtschaftliche und soziale Zwecke. Der Prototyp des asketischen Protestanten ordnet die Welt und die weltlichen Mittel unter die religiösen Zwecke und trennt die weltlichen Ziele des Handelns von ihrem Selbstzweck. „Das ergibt ein politisches Interesse, aber nicht des Staates willen; eine emsige wirtschaftliche Arbeit, aber nicht nur des Reichtums willen; eine eifrige soziale Organisation, aber nicht nur des irdischen Glücks willen, eine unausgesetzte, die Sinnlichkeit disziplinierende Arbeit, aber nicht um des Arbeitsobjekts willen."[78] Es verknüpfen sich widersprüchliche Grundsätze, die eine spezifische Eigendynamik entwickeln. Zwar sind als „Sünder" alle Menschen „gleich vor Gott", aber das Postulat der Prädestination macht die Menschen wiederum ungleich. Es treffen im Calvinismus ein egalitärer Gedanke (in Bezug auf die Gemeinde der Auserwählten) und ein autoritativer Gedanke (in Bezug auf die gottgewollte Ungleichheit der Menschen) zusammen. Der innere Widerspruch zwischen egalitären Tendenzen innerhalb der Gemeinde und sozialer Ungleichung in der Welt entwickelt sich in Verbindung mit dem Ziel der Weltbeherrschung zu einem spezifischen Sozialideal. Diesem fehlt das „organisch-patriarchalische Grundschema der mittelalterlichen Gesellschaftsidee"[79] und ein utopisches oder spiritualistisches Gesellschaftsideal. Troeltsch fasst seine Ausführungen zum Sozialideal des Calvinismus wie folgt zusammen: „Er räumte dem Individuum eine weitgehende Mitarbeit und einen Anspruch an das Ganze ein, so groß wie das innerhalb der angegebenen Grenzen nur möglich war. Er legte andererseits den sozial Bevorzugten so starke Verpflichtungen für das Ganze auf und verstand jede Vorzugsstellung so sehr als Aufopferung

---

[78] Troeltsch, E. (1912): Die Soziallehren der christlichen Kirchen und Gruppen, S. 649.
[79] Troeltsch, E. (1912): Die Soziallehren der christlichen Kirchen und Gruppen, S. 674.

für das Ganze, der die Untergeordneten mit Pietät und Vertrauen begegnen sollen, dass alle Ungleichheiten doch in ein System von sich wechselseitig zum Besten des Ganzen fördernden Kräften praktisch aufgelöst wurden."[80]

Für unser Thema können wir nun in Bezug auf die Motive, die zu ehrenamtlicher Tätigkeit führen, unsere These prägnanter füllen. Das heutige berufsbezogene Leistungsethos ist mit einem Ethos der gesellschaftlichen Partizipation verknüpft. Beide haben ihren Ursprung im asketischen Protestantismus, der durch ein spezifisches Weltbild der Weltbeherrschung als Antrieb für innerweltliches Handeln wirkte. Der institutionelle Ausdruck ist dabei eine rationale-methodische Lebensführung: Sie bedingt ein aktives Handeln in Wirtschaft und Gesellschaft. Im Prozess der Säkularisation (der Entzauberung der Welt bzw. ihrer Rationalisierung) verinnerlichen diese und wirken weiter als Handlungsethos ohne religiöse Fundamentierung. In der Verknüpfung mit anderen ökonomischen, sozialen und politischen Entwicklungen bleibt dieses Handlungsmuster typisch für unsere heutige Gesellschaft. Die äußeren Kennzeichen dieser heute säkularisierten methodischen Lebensführung bzw. des Lebensstils, bleiben den „Prämien" im asketisch-protestantischen Lebensstil funktional-äquivalent: Erwerb, Erfolg im Beruf und gesellschaftliche Mitwirkung. Dies drückt sich in Besitz und/oder beruflichen Positionen und in Positionen in gesellschaftlichen Institutionen aus, die in der vertikalen Gliederung des Berufsprestiges und der gesellschaftlichen Hierarchie dann relativ hoch angesiedelt sind.

---

[80] Troeltsch, E. (1912): Die Soziallehren der christlichen Kirchen und Gruppen, S. 676.

2.1.6. Schluss: Ehrenamt und Organisation

Eine im Ursprung religiös bedingte Haltung zur Welt der „Weltverneinung", die die Spannung von außerweltlichem Heil und innerweltlicher Existenz in der Welt durch Weltbeherrschung lösen will und eine spezifische Ethik des Handelns entwickelt (innerweltliche Askese) löst sich in Folge der eigenen Dynamik der Rationalisierung von der spezifischen Lehre, die aufgrund ihrer spezifischen Weltbilder Rationalisierung in der Welt ermöglicht. Diese Rationalisierung verfestigt sich als methodisch-rationale Lebensführung und bestimmt die Grundeinstellung des adäquaten Handelns in der Welt. Eine spezifische Folge ist dabei die Entwicklung der protestantischen Berufsethik, die in säkularisierter Form auch heute das Berufssystem bestimmt. Die Äquivalenz der Bewährung im Beruf durch den Erwerb und Erfolg wird in heutiger Zeit zum Leistungsgedanken im Beruf. Die soziale Folge dieses Prozesses ist die Zugehörigkeit der von diesem Berufsethos motivierten zu höheren sozialen Schichten.

Die Hypothese lautete: Wenn ein hoher Anteil von höheren Schichten in dieser Gruppe zu finden ist, dann verfügen diese über ein säkularisiertes Berufsethos, das auch zu Handlungsbereitschaft in nicht-berufsbezogenen Bereichen führt. Der theoretische Anknüpfungspunkt war, dass die methodische Lebensführung die ganze Lebensführung (Lebensstil) betrifft. Das bedeutete, dass diese nicht nur im Berufsfeld wirkt, sondern auch in anderen gesellschaftlichen Bereichen. Diese Vermutung wurde erhärtet, indem versucht wurde nachzuweisen, dass öffentliche Beteiligung auf dieselbe Wurzel zurückgeführt werden kann wie die spezifische Berufsidee des okzidentalen Rationalismus. Es wurde daraus der Schluss gezogen, dass beide zusammengehören und beide dem gleichen Prozess der Institutionalisierung und Säkularisierung unterworfen waren.

Bei Vorhandensein eines spezifischen Leistungsethos im Beruf wirkt dieses auch als Ethos der gesellschaftlichen Partizipation im gesellschaftlichen Bereich. Hier sahen wir die Motive zur Übernahme von Ehrenämtern begründet. Hohe soziale Stellung im Beruf konnte verknüpft werden mit einem überproportionalen Anteil an gesellschaftlicher Beteiligung in politischen Institutionen wie gesellschaftlichen Organisationen. Ein Ausdruck der Beteiligung wäre dann die Übernahme von Ämtern in politischen und gesellschaftlichen Institutionen und Organisationen, die in der Regel heute noch Ehrenämter sind.

Ehrenamtlichen Positionen als Elemente der formalisierten Struktur von Vereinen und Verbänden kommt dabei eine spezifische Bedeutung zu. Sie bilden die Schnittstellen der Relationen zwischen Organisation und Mitgliedern und Organisation und Umwelt. Zum einen sind sie Teil der internen Struktur: Ihre Besetzung erfolgt nach den Bedingungen des demokratischen Grundmodells durch Wahl (Delegation). Die Inhaber dieser Positionen handeln im Auftrag der Mitglieder und sind ihnen verantwortlich. Zum anderen haben sie die Interessen der Mitglieder nach außen zu vertreten (zu repräsentieren), stehen somit in Bezug zur organisatorischen Umwelt. Diese Stellung macht sie aber auch zu den Ansprechpartnern der relevanten Umwelt. Die „repräsentativen" ehrenamtlichen Positionsträger müssen so nicht nur die Mitgliederinteressen und die daraus aggregierten Interessen der Organisation gegenüber der Umwelt vertreten, sondern auch in der umgekehrten Richtung die Interessen der Umwelt wiederum aggregieren und in die Organisation transformieren. Ehrenamtliche Funktionsträger stehen so in einem dreifachen Bezug: zur Mitgliedschaft (als deren Delegierte), zur Organisation (als deren Repräsentanten) und zur Außenwelt (als deren Ansprechpartner, sozusagen als Relais). Sie sind als Mitglieder durch spezifische Zwecke motiviert, als Repräsentanten der Zweckstruktur der Organisation verpflichtet und als Relais funktionalen Ansprüchen der Umwelt geöffnet. Ihr Umweltbezug weist dabei eine spezifische Besonderheit auf: Als ehrenamtlich Tätige stellen sie zum einen eine Ressource (der Arbeit) für die Organisation dar und zum anderen - durch den nur partiellen Bezug zur Organisation - sind sie Teil der relevanten Umwelt des Berufssystems oder anderer gesellschaftlicher Teilsysteme, in denen sie ebenfalls Mitglieder sind (Partei, andere Organisationen etc.). Ihre eigene Motivstruktur wird überlagert durch funktionale Notwendigkeiten ihres Handelns unter den drei genannten Bezügen: Mitgliedschaft, Organisation und Umwelt.

Sie selbst können als ehrenamtliche Funktionsträger in ihrem Handeln nicht ausschließlich spezifischen, eigenen Zwecken, bezogen auf die Zweckstruktur der Organisation, folgen. So wird es auch schwer vorstellbar, dass sie in ihrer ehrenamtlichen Tätigkeit nur einem Ideal (als „Idealisten") folgen oder persönliche Vorteile suchen (also „Materialisten" sind) oder Kompensation für entgangene Selbstverwirklichung zu finden trachten (also „frustrierte" Erfolglose sind). Und diesen drei Bezügen wird sich ein Individuum nur unterwerfen können, wenn es über ein Ethos verfügt, das alle drei binden kann. Dieses Ethos entspricht dem im vorhergehenden Abschnitt skizzierten, dem Ethos gesellschaftlichen Engagements: Es wirkt als Motivation über eigene persönliche Motive hinaus in der Orientierung an dem „Ganzen", in der Verantwortung gegenüber den Mitgliedern (legitimiert durch Delegation nach demokratischen Prinzipien), in dem Bewusstsein, gesellschaftliche (öffentliche) Aufgaben zu erfüllen.

2.2. Ehre dem Ehrenamt[81]

2.2.1. Lebendige Ehre?

(1)[82] Eine Internet-Recherche mit dem World Wide Web Wurm (go-to.com)[83] zum Thema Ehre fördert eine Menge zu Tage, eine Menge musisches (Lob und Ehre und Weisheit und Dank), religiöses (Ehre sei dem Vater), rechtes (Ehre und Treue) und rechtsradikales (kämpfen für die Ehre), Star Treck (Tag der Ehre) und eine Menge letzte Ehre. Der liebgewonnenen Manie der Ehreforscher, das Wort Ehre in den Medien aufzustöbern und zur Garnierung ihrer Erörterungen zu verwenden, sei auch hier gefrönt und mir gegönnt.

(2) Am 13.2.1997 berichtet die österreichische Zeitung „Der Standard" unter dem Titel „Eine Frage der Ehre", der „Randgruppensoziologe" Roland Girtler habe einen Studenten zum Duell gefordert, da nicht nur noble Vagabunden, freundliche Ganoven und andere feine Leute so etwas wie eine Ehre haben'. Dieser hatte den Professor in einem anonymen Flugblatt mit einem Nachruf gewürdigt. In der soziologischen Scene ist Girtler als radelnder Feldforscher bekannt (mit Armani-Jacket für besondere Anlässe im Gepäck, da es nicht knittert); so ist die Wahl der ,Waffe' auch zwingend: Girtler forderte zu einem Fahrrad-Duell.[84]

(3) Ehre scheint durchaus lebendig und präsent, nur hätte Kollege Girtler diese Duellforderung vor 100 Jahren gestellt, wäre er dafür geohr-

---

81 Dieses Kapitel ist unter dem gleichlautenden Titel: Ehre dem Ehrenamt erschienen in der Zeitschrift Ethik und Sozialwissenschaften 10 (1999). Dieses „Streitforum" bietet die Möglichkeit, einen Hauptartikel eines Autors oder einer Autorin zu kritisieren. Hierzu wird eine Vielzahl von Kritikern eingeladen. Der Autor, die Autorin des Hauptartikels hat dann wiederum die Möglichkeit, auf diese Kritiken zu entgegnen (Replik). Der Hauptartikel auf die sich der hier wieder veröffentlichte Artikel bezieht war: Vogt, L. (1999): Die Modernität der Ehre.

82 Diese Abschnittsnummerierungen dienten der Herstellung der Bezüge zwischen Hauptartikel, Kritiken und Replik.

83 Heutzutage googelt man. Google wurde 1998 gegründet.

84 Der Standard, 13.2.97, S. 1.

feigt worden mit allen daraus sich ergebenden Konsequenzen. Die von Ludgera Vogt zitierte Ute Frevert[85] hat vielleicht nicht ganz unrecht mit der These vom Bedeutungsverlust der Ehre, allerdings nur solange sie bei einer engen Verknüpfung von Ehre und Duell bleibt.

2.2.2.   Vogt - Frevert - Ein Duell?

(4) 1991 veröffentlicht die Historikerin Ute Frevert ein Buch: „Ehrenmänner. Das Duell in der bürgerlichen Gesellschaft".[86] Der SPIEGEL würdigt es großzügig.[87] Die meisten Soziologen erfahren dabei zum ersten Mal, dass Max Weber ein potentieller Duellant war; er erscheint im Bild neben Lassalle, Heine, Bismarck und Woody Allen; welche Ehre. Das Buch wird, wohl zu recht, gelobt und rezensiert; 1992 auch von Ludgera Vogt, im Prinzip positiv.[88] Aber Vogt rührt eine alte Geschichte hoch, die zur Fehde wird: die Stellung der Historiker zur Gegenwart bzw. die Stellung der Historiker zur Interpretation der Gegenwart, oder noch genauer, die Stellung der Interpreten der Vergangenheit zur Stellung der Interpreten der Gegenwart. Beide reden eigentlich vom Gleichen, nur verteidigen sie ihr jeweiliges Monopol. Frevert schlägt 1993 zurück mit einer Rezension[89] zu einem Buch ebenfalls über das Duell von Friedhelm Guttandin,[90] in dessen Dunstkreis sie Vogt wähnt, die in der FAZ mit „Ist Soziologie satisfaktionsfähig?" getitelt ist. 1994 attackiert Frevert mit einer weiteren Rezension, ebenfalls in der FAZ, zu einem von Zingerle und Vogt herausgegebenen Sammelband zur

---

[85] Vgl. Frevert, U. (1991): Ehrenmänner.
[86] Vgl. Frevert, U. (1991): Ehrenmänner.
[87] Vgl. Meyhöfer, A. (1991): Tugend auf der Degenspitze, in: Der SPIEGEL 14/1991.
[88] Vgl. Vogt, L. (1992): Literaturbesprechung zu Ute Frevert: Ehrenmänner, in: KZfSS 44 (1992), H. 3.
[89] Vgl. Frevert, U. (1993): Ist Soziologie satisfaktionsfähig?, in: FAZ, 17.5.93.
[90] Vgl. Guttandin, F. (1993): Das paradoxe Schicksal der Ehre.

Ehre,[91] die mit der Überschrift versehen ist: „Die Vogelperspektive der Blinden. Wie Sozialwissenschaftler sich die Geschichte der Ehre vorstellen": ein Verriss.[92] Ein Autor des Sammelbandes, der Verfasser dieser Zeilen, schreibt einen Leserbrief[93] zur genannten Rezension und warnt vor einer Fehleinschätzung Max Webers und davor, nicht anderen eine historische Vogelperspektive der Blinden vorzuwerfen, wenn man unter Umständen selbst in einer soziologischen Froschperspektive zu verharren scheint. Der Leserbrief wird gedruckt und postwendend erhält der Schreiber drei kopierte Seiten aus den „Ehrenmännern" von Ute Frevert: aus der Einleitung mit zwei Markierungen zu Max Weber und dem Titelblatt mit der handschriftlichen Bemerkung: „Herrn Winkler – so viel zur ‚soziolog. Froschperspektive'...Ute Frevert". Ute Frevert ist wütend, wahrscheinlich gekränkt, und offensichtlich in ihrer Ehre verletzt. Im Jahre 1997 erscheint die Dissertation von Ludgera Vogt zur Logik der Ehre im Suhrkamp Verlag, in einem Abschnitt „Ehre: Ein Thema nur für Historiker?" wird der oben genannte Leserbrief fast vollständig zitiert bzw. wiederabgedruckt[94] als Beleg in der Fortführung der Auseinandersetzung...(usw.)...so viel zur Ehre.

2.2.3. Ehrenamt als symbolische Gratifikation?

(5) Ludgera Vogt weist das Ehrenamt den Feldern der Ehre in der Gegenwartsgesellschaft zu und kennzeichnet es als institutionalisierte Form der Ehrung und symbolischen Gratifikation. Sie verweist auf die Diskussion um ehrenamtliche Tätigkeit vor dem Hintergrund knapper, öffentlicher Haushaltsmittel und füllt diesen Abschnitt mit vielen Fragezeichen. So sehr die ambitionierte Forschung zur Thematik Ehre

---

91   Vgl. Vogt, L./Zingerle, A. (Hrsg.) (1994): Ehre – archaische Momente in der Moderne.

92   Frevert, U. (1994): Die Vogelperspektive der Blinden - Wie Sozialwissenschaftler sich die Geschichte der Ehre vorstellen, in: FAZ, 27.6.94.

93   Vgl. Winkler, J. (1994): Max Webers Zentralbegriff, in: FAZ, 12.7.94.

94   Vgl. Vogt, L. (1997): Zur Logik der Ehre in der Gegenwartsgesellschaft, S. 61.

Ludgera Vogt zur Ehre gereicht, da sie neben die ausgetretenen Pfade soziologischer Forschung und die vom main-stream platt gewalzten Schneisen schaut, so sehr verwundert der unscharfe Schnappschuss auf das Ehrenamt. In einer meines Wissens ersten zusammenfassenden Arbeit über das Ehrenamt, die 1911 erschien, weist Fölsche[95] auf die Unfruchtbarkeit des Versuches hin, einen Begriff des Ehrenamtes über den Begriff Ehre finden zu wollen. Er bezieht dies auf die Versuche, Ehre als Gratifikationsersatz zu verstehen oder Ehre als spezifische Art der Leistung (nicht Arbeit verrichten, sondern Ehre leisten) zu betrachten oder über Begriffe wie Ehrenpflicht und Ehrenrecht zu charakterisieren. Bereits bei Max Weber[96] findet man adäquate Zugänge zur Thematik Ehrenamt: das Ehrenamt als spezifische Form des Amtes in der „herrschaftsfreien Verbandsverwaltung", das von Personen besetzt wird, die über Ehre verfügen bzw. Ehre besitzen.[97]

(6) Heute ist die öffentliche wie wissenschaftliche Diskussion durch unterschiedliche Deutungen und Funktionszuschreibungen zum Ehrenamt gekennzeichnet, da der Bedeutungsinhalt für die Begrifflichkeiten Ehrenamt, Ehrenamtlichkeit oder ehrenamtliche Tätigkeit nicht eindeutig und uneinheitlich ist. Als Ausgangspunkt für eine Definition sollte historisch das öffentliche Ehrenamt genommen werden. Damit war die Übernahme (durch Wahl oder Ernennung) öffentlicher Ämter gemeint, deren Tätigkeit nicht besoldet und von Personen ausgeübt wurde, die über soziale Ehre verfügten. Der Fokus war das Amt mit einer spezifischen Kennzeichnung der Träger dieser Ämter. Als Kriterien, die auch auf das Ehrenamt generell heute Anwendung finden sollten, wären die Ausdifferenzierung in einem Organisationsgefüge,

---

95 Vgl. Fölsche, E. (1911): Das Ehrenamt in Preußen und im Reich.
96 Vgl. Weber, M. (1972): Wirtschaft und Gesellschaft.
97 Vgl. hierzu auch: Winkler, J. (1994): Ehre und Amt - Ehrenamtliche Tätigkeit als Teil spezifischer Lebensstile, in: Vogt, L./Zingerle, A. (Hrsg.) (1994): Ehre; wieder abgedruckt in diesem Band.

die unbesoldete Ausführung des Ehrenamtes, die Rekrutierung durch Wahl oder Ernennung und der öffentliche Charakter ehrenamtlicher Tätigkeit herauszustellen. Als latente Dimension sind die Bedingungen sozialer Selektivität zu berücksichtigen. Setzt man diese Elemente zusammen, kann das Ehrenamt wie folgt umrissen werden. Das Ehrenamt soll heißen:

- eine innerhalb einer Organisation funktional ausdifferenzierte *Position*, im horizontalen (mit spezifischen Aufgaben verbunden) und im vertikalen (auf verschiedenen Stufen der Delegation angesiedelt) Sinne,

- die von Personen ausgeübt wird, die diese Tätigkeit neben oder nach ihrer Berufstätigkeit und unbesoldet ausüben (etwaige Geldzahlungen dienen nicht (primär) zur Bestreitung des Lebensunterhalts),

- die in diese Position durch eine jeweils gegebene Personengruppe gewählt werden bzw. von einer diese Gruppe repräsentierenden Institution ernannt werden,

- und deren Tätigkeit qua Zweck der Organisation oder qua Ziel der Organisation zur Erreichung dieser Zwecke auch im Bereich der Öffentlichkeit stattfindet oder auf sie bezogen ist oder zumindest öffentliche Funktionen erfüllt.

(7) Diese Definition geht über den allgemeinen (politisch wie wissenschaftlichen) Sprachgebrauch hinaus, in dem häufig ehrenamtliche Tätigkeit synonym zu unbezahlter Arbeit benutzt wird. Eine solche eindimensionale Definition reicht allerdings nicht aus, denn dann wäre etwa Nachbarschaftshilfe, Verwandtschaftshilfe, d. h. Hilfe im Feld persönlicher Netzwerke, oder die Tätigkeit von Hausfrauen als „unbezahlte" Arbeit ehrenamtliche Tätigkeit. Einen besonderen Stellenwert besitzen soziale Dienstleistungen. Häufig wird freiwillige, unbezahlte Arbeit entweder zur Hilfe anderer (sozialer Hilfe) oder zur eigenen

Hilfe (Selbsthilfe) als „ehrenamtliche" Arbeit bezeichnet. Dies ist aber im Sinne der Definition nur richtig, wenn sie in organisatorischen Gefügen stattfindet. Eine organisatorische bzw. institutionelle Einbindung bleibt so Abgrenzungskriterium für ehrenamtliche Tätigkeit. Dies verweist auf einen weiteren Umstand. Ehrenamtliche Funktionsträger wie ehrenamtliche Dienstleister sind für eine Vielzahl von Organisationen bzw. Institutionen von funktionaler Bedeutung. Sie sind eine der Ressourcen von Organisationen (häufig die zentrale) und sichern zum einen die Arbeitsleistung und bringen zum anderen zusätzlich mittelbar weitere Ressourcen in die Organisationen ein. Hier knüpft die Zuschreibung der besonderen Bedeutung ehrenamtlicher Tätigkeit an, da diese dadurch mehr ist als ein „privates Vergnügen". Durch die Einbindung ehrenamtlicher Tätigkeit in organisatorische Gefüge ergibt sich eine weitere bedeutsame Relation. Einrichtungen, die mit ehrenamtlichen Funktionen verknüpft sind, verfügen in der Regel über Kontakte zu für sie wichtigen, anderen gesellschaftlichen Bereichen. Ehrenamtliche Funktionsträger sind als Repräsentanten ihrer Einrichtungen ein zentrales Relais zu diesen anderen gesellschaftlichen Bereichen. Die genannten Verflechtungen machen die gesellschaftliche Bedeutung ehrenamtlicher Tätigkeit aus, da diese in das intermediäre Geflecht unserer differenzierten Gesellschaft eingebunden ist. Bereits eine funktionale Sichtweise verweist so auf den Umstand, dass als (Ehren-)Amtsinhaber Personen mit hohen beruflichen Positionen und den damit verbundenen Ressourcen und Kontakten von Interesse sind. Empirische Studien belegen diesen Zusammenhang:[98] Ehrenämter sind überproportional von Personen mit hohem sozialen Prestige besetzt.

(8) Dieser empirische Befund korrespondiert mit der Motivation, die zur Bereitschaft führt, ehrenamtlich tätig zu sein. Personen mit hohem Sozialprestige, vermittelt durch hohe Berufspositionen, verfügen über

---

[98] Vgl. Winkler, J. (1988): Das Ehrenamt.

ein säkularisiertes Berufsethos, das nicht nur im wirtschaftlichen Bereich sondern auch im gesellschaftlichen Bereich wirkt: Bei Vorhandensein eines spezifischen Leistungsethos im Beruf wirkt dies auch als Ethos der gesellschaftlichen Partizipation im gesellschaftlichen Bereich. Der Gedanken der Nächstenliebe, der zur Hilfeleistung im sozialen Bereich führt, gründet in derselben Wurzel. Vor dem Hintergrund dieser Überlegungen ist es schwer vorstellbar, dass Ehrung Motivation für ehrenamtliche Tätigkeit sein könnte bzw. ehrenamtliche Tätigkeiten ausgeführt werden, um Ehre zu erlangen.

3. Miszellen zum Ehrenamt

3.1. Über die „Pflicht" zum Ehrenamt[99]

Seit den Steinschen Reformen war ein Großteil von öffentlichen Ehrenämtern mit einer Pflicht zur Übernahme verbunden.

In der Städteordnung vom 19.11.1808 wird unter dem Titel „Von der Verpflichtung der Bürger zur Annahme öffentlicher Stadtämter, von dem Verlust derselben und der Suspension von solchen Stellen" in den §§ 191-200 diese Pflicht festgeschrieben. Die Städteordnung spricht von der Schuldigkeit jedes Bürgers, „öffentliche Stadtämter zu übernehmen" und „unentgeltlich zu verrichten" (§ 191).[100] Eine Begründung findet sich dort hierfür nicht. Einige Ansatzpunkte lassen sich aber aus dem Immediatvortrag herauslesen, den Stein und Minister Schröter bei Übergabe der Städteordnung an den preußischen König hielten.[101] Sie begründeten ihren Gesetzesentwurf historisch mit dem Mangel an Teilnahme der Bürger an Belangen des „Gemeinwesens" und sahen die Ursprünge in der alten Zunft- und Korporationsverfassung, die es nicht erlaubte, den „Gesamtwillen der Bürgerschaft" herauszubilden, da die Bürger „weder Kenntnis vom Gemeinwesen noch Veranlassung, dafür zu wirken" hatten. Ihr Schluss daraus war:

„Eifer und Liebe für die öffentlichen Angelegenheiten, aller Gemeingeist, jedes Gefühl, dem Ganzen ein Opfer zu bringen, mussten verlo-

---

[99] Dieser Abschnitt stellte einen Exkurs dar, der in der ursprünglichen Fassung meiner Dissertation enthalten war. In der Buchfassung ist er nicht enthalten und wird hier erstmals veröffentlicht. Geschrieben im Jahr 1985.

[100] Conze, W. (1973): Die Preussische Reform unter Stein und Hardenberg, S. 59f.

[101] Vgl. Freiherr vom Stein (1973): Immediatsbericht der Minister Schrötter und Stein, Königsberg 9.11.1808, in: Conze, W.: Die Preussische Reform unter Stein und Hardenberg.

ren gehen. Selbst Bürger zu sein, ward längst nicht einmal mehr für Ehre gehalten".[102]

Schrötter und Stein stellen so den Aspekt der Verantwortung für das Gemeinwesen und die Notwendigkeit des Gedankens des Gemeinwesens heraus. Gleichzeitig binden sie die Kosten, die durch die bürgerliche Tätigkeit entstehen, an die Stadt. „Die Bedürfnisse des Gemeinwesens und die Kosten der Polizei und Justizverwaltung müssen von der Stadt aufgebracht werden".[103]

Hier deutet sich die den Haushalt entlastende Funktion ehrenamtlicher Tätigkeit an.

Schwab[104] hat auf Grund der Klage Steins über mangelnden „Gemeingeist" und (wohl auch) in Zusammenhang mit dem Pflichtgedanken in Steins Plänen ein pädagogisches Element und die Steinsche Reform quasi als Erziehungsprogramm gesehen.[105] Stein forderte zwar die Teilnahme der Bürger „um ihrer moralischen Verbesserung, um ihrer Erziehung willen",[106] aber ihm war auch klar, dass man die „Menschen schrittweise daran gewöhnen" müsse, beim „Übergang vom alten Zustand der Dinge zu einer neuen Ordnung" (Brief Steins an Hardenberg vom 8.12. 1807)[107] Das vermeintlich Pädagogische bei Stein war letzt-

---

102 Freiherr vom Stein (1973): Immediatsbericht der Minister Schrötter und Stein, Königsberg 9.11.1808, in: Conze, W.: Die Preussische Reform unter Stein und Hardenberg, S. 52

103 Freiherr vom Stein (1973): Immediatsbericht der Minister Schrötter und Stein, Königsberg 9.11.1808, in: Conze, W.: Die Preussische Reform unter Stein und Hardenberg, S. 53

104 Vgl. Schwab, D. (1971): Die Selbstverwaltungsidee des Freiherrn vom Stein und ihre geistige Grundlage.

105 Diese Einschätzung hat sich bis heute gehalten, vgl. Nipperdey, T. (1983): Deutsche Geschichte 1800-1866.

106 Schwab, D. (1971): Die Selbstverwaltungsidee des Freiherrn vom Stein und ihre geistige Grundlage, S. 28.

107 Schwab, D. (1971): Die Selbstverwaltungsidee des Freiherrn vom Stein und ihre geistige Grundlage, S. 13; vgl. auch: Freiherr vom Stein (1955): Ausge-

lich meines Erachtens ein politisches Kalkül der Veränderung, nicht das Wesen seiner Idee. Zumal der Gedanke der Haushaltsentlastung bzw. Haushaltskonsolidierung ein wichtiger politischer Grund des Anstoßes für diese Reform war und die Stein-Hardenbergischen Reformen auch unter dem Eindruck der französischen Revolution (nicht als Vorbild, sondern gerade um diese Zustände zu verhindern) und der sich in England anbahnenden Wirkungen der beginnenden Industrialisierung und ihrer Folgen standen.

Die Reformen, „diese Revolution von oben, sollte die alten Ordnungen, die weder den neuen Anforderungen noch den neuen Normen entsprachen, abschaffen, sollte Staat und Gesellschaft modernisieren".[108] Die Reform als „Pädagogik höchsten Stils"[109] zu kennzeichnen, betont dabei einen Aspekt zu stark und verdeckt die Vielschichtigkeit der Motive zur Reform. Zudem repräsentiert Stein nur eine „Fraktion" innerhalb der Reformbeamten, andere wie Hardenberg, die eine etatistische Sichtweise und ein liberaler Individualismus prägte, lag ein solcher erzieherischer Auftrag sicher ferner. Die hier angerissene Frage kann nicht abschließend beantwortet werden, da sie eine eigenständige, historische Abhandlung erfordert.

Die „Pflicht" zur Übernahme von Ehrenämtern wurde in den verschiedenen Gesetzen und Verordnungen, und das galt nicht nur für die städtischen Ehrenämtern, mit Sanktionen verbunden.[110] Eine Ablehnung von Ehrenämtern war nur möglich bei zu hohem Alter (i. d. R. 60 Jahre!), Krankheit, zu starker Belastung durch andere Ämter oder einen Beruf, der längere Abwesenheit erfordert. Als Strafen waren

---

wählte politische Briefe und Denkschriften, hrsg. v. E. Botzenhart und G. Ipsen.

[108] Nipperdey, T. (1983): Deutsche Geschichte 1800-1866, S. 32.

[109] Rothfels, H. (1948): Stein und die Neugründung der Selbstverwaltung, in: Zeitschrift für Religions- und Geistesgeschichte 1 (1948), S. 211.

[110] Vgl. hierzu Fölsche, E. (1911): Das Ehrenamt in Preußen und im Reich, S. 114ff.

Ordnungsstrafen, d. h. Geldstrafen in einer Höhe von 5-1000 Mark), steuerliche Abgabenerhöhung und teilweise bzw. zeitweise Aberkennung von Bürgerrechten vorgesehen. Dieser Pflichtgedanke hat sich bis heute in der Tendenz erhalten. In der Weimarer Verfassung wurde im Artikel 132 festgelegt: „Jeder Deutsche hat nach Maßgabe der Gesetze die Pflicht zur Übernahme ehrenamtlicher Tätigkeit".[111] Ein derartiger Passus steht zwar nicht mehr im Grundgesetz der Bundesrepublik Deutschland, aber dieser Gedanke des Ehrenamtes als staatsbürgerliches Recht und Pflicht findet sich heute noch bezogen auf die öffentlichen Ehrenämter in den Verfassungen der Bundesländer Bayern (Art. 121), Bremen (Art. 9, Satz 3), Hessen (Art. 25, Satz 1) und Rheinland-Pfalz (Art. 21 Abs. 1). In einigen Landesverfassungen werden zudem der „Begriff der staatsbürgerlichen Pflicht und das Ehrenamt gleichwertig nebeneinander genannt".[112] Dies gilt für die Verfassungen der Länder Berlin (Art. 7), Hessen (Art. 25, Satz 2), Rheinland-Pfalz (Art. 59 Abs. 1) und Hamburg (Art. 73). Kort führt dazu aus: „Soweit sich die Verfassungen zu dieser Frage überhaupt äußern, begreifen sie in der Regel die Verpflichtung zur Übernahme eines Ehrenamtes als einen Sonderfall der von der Verfassung Bremens deutlich gekennzeichneten allgemeinen staatsbürgerlichen Pflicht jedes Bewohners, am öffentlichen Leben Anteil zu nehmen und seine Kräfte zum Wohle der Allgemeinheit einzusetzen".[113] Auch in der Bundesrepublik wird eine „unberechtigte Weigerung" ein (öffentliches) Ehrenamt zu übernehmen, als Ordnungswidrigkeit betrachtet, die mit Geldbußen belegt werden kann.[114]

---

[111] Die Verfassung des Deutschen Reiches vom 11. August 1919 (RGBL. S. 1303).
[112] Korte, H. (1998): Ehrenamt, in: HdSW, Bd. 3, S. 22.
[113] (Art. 9 Satz 2); Korte, H. (1998): Ehrenamt, in: HdSW, Bd. 3, S. 28.
[114] Zu den einzelnen gesetzlichen Grundlagen der DGO und der Gemeindeordnungen der Länder vgl. Korte, H. (1998): Ehrenamt, in: HdSW, Bd. 3, S. 30.

Die enge Verknüpfung von Recht auf öffentliche Beteiligung und Pflicht zur Übernahme kann unterschiedlich interpretiert werde. Es ist hier nicht der Raum für eine eingehende Betrachtung des Pflichtgedankens in der abendländischen Rechtsentwicklung. Es sei hier nur auf das Ergebnis hingewiesen, dass im Unterschied zum ständischen Rechtsempfinden (nach Max Weber der „ständische Kosmos subjektiver Rechte") in der Rationalisierung des Rechts zum „objektiven Recht" der Gedanke der Gewohnheitsrechte durch „Rechtspflichten" ersetzt wurde. Weber sieht in der „Universalität der verdammten Pflicht und Schuldigkeit" die „beherrschende Qualität der Rechtsordnung".[115]

Wird das Ehrenamt mit einer Pflicht zur Übernahme verbunden, wie dies im 19. Jahrhundert geschah, kann dies erst einmal als Ausdruck dieses Rechtsempfindens gesehen werden. Es wäre dann aber nur eine nachträgliche Funktionalisierung, unterstellt man diesem primär einen pädagogischen Zwangscharakter oder noch funktionalistischer, einen Zwang zur Teilnahme, der notwendig wäre, wenn ein Mangel an Bereitschaft antizipiert werden würde. Im Falle der Pflicht zu ehrenamtlicher Tätigkeit könnte eine Sichtweite, die nach Gratifikationsderivaten (insbesondere durch „Ehre") sucht, leicht in Versuchung kommen, dies zu unterstellen.[116]

---

[115] Weber, M. (1972): Wirtschaft und Gesellschaft, S. 494.
[116] Eine weitere Möglichkeit einer Wertung des Pflichtgedankens läge in der Symbolisierung der Bedeutung eines Rechtsinstituts, in der Demonstration dieser durch Sanktionen.

3.2. Öffentlichkeit und Ehrenamt[117]

In freiwilligen Organisationen steht die Ressource „Arbeit" – und zwar die unbezahlte, ehrenamtliche – als zentrale im Vordergrund. Wesentliche Leistungen dieser Organisationen sind stärker daran gebunden als an materielle Ressourcen wie „Boden" oder „Geld". So wird die Rekrutierung von Personal für diese Organisationen zu einer zentralen Aufgabe der Mobilisierung von Ressourcen und gerade dann virulent, wenn Anzeichen zu beobachten sind, die auf eine sinkende Bereitschaft zur Übernahme ehrenamtlicher Tätigkeiten zu deuten scheinen.

Inwiefern die anscheinend sinkende Bereitschaft mit Tendenzen eines privatistischen Rückzuges und dem damit verbundenen „Verfall des öffentlichen Lebens" zusammenhängt, kann erst einmal als offene Forschungsfrage gestellt werden. Richard Sennett konstatiert diesen Zusammenhang und begründet ihn mit einer zunehmenden „intimen Sichtweise der Gesellschaft",[118] die durch eine wachsende „Psychologisierung", einen Primat der „Beschäftigung mit dem eigenen Selbst"[119] gekennzeichnet sei. Diese Sichtweise überlagere das Handeln im öffentlichen Raum durch die Mobilisierung „narzistischer" Gefühle und ließe diesen absterben, da in ihm soziale Beziehungen nicht immer „persönliche" und dort selten „psychologische Gratifikationen" zu erhalten seien.[120] Für unseren Zusammenhang lässt sich die Ansicht Sennetts mit folgendem Zitat verdeutlichen: „In dem Maße, wie das Interesse an der Frage nach dem Selbst gewachsen ist, ist die gemeinsame Arbeit mit Fremden im Dienste sozialer Zwecke zurückgegangen –

---

117 Dieser Abschnitt ist ein Ausschnitt aus meinem Artikel: Das Ehrenamt im Spannungsfeld von Öffentlichkeit und Privatheit, erschienen in: Anders, G. (Hrsg.) (1990): Vereinssport an der Wachstumsgrenze? Sport in der Krise der Industriegesellschaften. Der hier wiedergegebene Teil beinhaltet die theoretischen Überlegungen in diesem Artikel.
118 Sennett, R. (1983): Verfall und Ende des öffentlichen Lebens, S. 17.
119 Sennett, R. (1983): Verfall und Ende des öffentlichen Lebens, S. 24.
120 Vgl. Sennett, R. (1983): Verfall und Ende des öffentlichen Lebens, S. 17.

oder diese gemeinsame Arbeit ist durch psychologische Zugriffe entstellt worden. In lokalen Vereinen und Zusammenschlüssen z. B. haben die Menschen oft das Gefühl, sie müssten einander als Personen kennenlernen, um miteinander handeln zu können; sie geraten dann in einen Prozess der gegenseitigen Selbstoffenbarung, die Immobilität hervorruft, und nach und nach verlieren sie die Lust, gemeinsam zu handeln".[121] Ein krisenhafter Zustand wäre dadurch impliziert. Durch Sennetts Thesen – ob sie zutreffen, sei erst einmal dahingestellt – wird implizit deutlich, dass ehrenamtliche Tätigkeit eine Tätigkeit in der Öffentlichkeit und der Verzicht auf diese einen Rückzug ins Private oder ein Verbleib in der Privatheit darstellt. In einer alten Wortbedeutung von „privat wird dies deutlich: Im Grimmschen Deutschen Wörterbuch wird „privat" definiert als „ohne öffentliches Amt".

Um dieses Spannungsverhältnis zu verdeutlichen, sind einige Anmerkungen zu dieser Thematik vorzustellen.

Der Begriff „öffentlich" und „Öffentlichkeit ist durch einen höchst unterschiedlichen Sprachgebrauch nicht eindeutig und auch in wissenschaftlichen Abhandlungen aufgrund unterschiedlicher Blickwinkel nicht nur nicht eindeutig, sondern teils auch gegensätzlich. Es können hier nicht alle Facetten der unterschiedlichen Interpretation behandelt werden. Es soll aber versucht werden, einige Aspekte herauszuschälen, die von Wichtigkeit sind.

Das Wort „öffentlich" bzw. der später entstandene Begriff „Öffentlichkeit" ist ein Produkt des 18. Jahrhunderts und steht in engem Zusammenhang mit den Begriffen „privat" und „Privatheit".[122] Im Gegensatz zur privaten Sphäre ist die öffentliche „Sphäre" „offen", im Sinne von „einsehbar" und „offenstehend". In der soziologischen Literatur besteht weitgehend Einigkeit, dass „Öffentlichkeit" als empirischer Tat-

---

[121]   Sennett, R. (1983): Verfall und Ende des öffentlichen Lebens, S. 24.
[122]   Vgl. hierzu: Habermas, J. (1971): Strukturwandel der Öffentlichkeit.

bestand ein Produkt gesellschaftlicher Entwicklung, gesellschaftlicher Differenzierung darstellt. War das Verhältnis der Individuen in der vorindustriellen Gesellschaft zum „Staat" bestimmt durch Hörigkeit oder Lehns- und Dienstverhältnisse, die im Grunde keine in unserem Sinne gemeinte Privatheit erlaubte, tritt in der „bürgerlichen" Epoche das Individuum in Kontakt zum Staat. Dies findet einen ersten Ausdruck in der Loslösung aus feudalen Ordnungssystemen, die durch das Entstehen berufsständischer Organisationen oder städtischer Vereinigungen gekennzeichnet sind.[123] Die einheitliche Einbindung, die vollständige Integration der Menschen in feudale Systeme zerfällt, es entsteht ein Dualismus von Gesellschaft und Staat.[124] Die Tendenzen der Individualisierung und das Entwickeln von Marktbeziehungen lässt „offene" Systeme entstehen, die auch „unvollständige" Integration bedeuten. Öffentlichkeit ist Ausdruck des beginnenden Dualismus zwischen Staat und bürgerlicher Gesellschaft, d. h. „zum einen Selbstdarstellung der Gesellschaft gegenüber dem Staat und zum anderen kritische Kontrollinstanz staatlicher Tätigkeit".[125]

In den Worten von Habermas kann „Öffentlichkeit als eine zwischen Gesellschaft und Staat vermittelnde Sphäre" verstanden werden.[126] Der Begriff der Öffentlichkeit als „öffentliche Repräsentation von Herrschaft" in der feudalen Gesellschaft unterliegt so einer historisch und sozial begründeten Veränderung. Die Sphäre der Gesellschaft ist dann

---

[123] Vgl. Bahrdt, H. P. (1969): Die moderne Großstadt. Er hat dies für die Stadt und Jürgen Habermas (Strukturwandel der Öffentlichkeit) allgemeiner versucht zu verdeutlichen.

[124] Diese Entwicklung ist in unterschiedlichen Erklärungsansätzen mit unterschiedlichen Begriffen gefasst und verbunden worden: Entfeudalisierung, Säkularisierung, Individualisierung, Modernisierung, bürgerliche Revolution, Industrialisierung etc.

[125] Fülgraf, B. (1970): Öffentlichkeit, in: Görlitz, A. (Hrsg.): Handlexikon zur Politikwissenschaft, S. 275.

[126] Vgl. Habermas, J. (1964): Öffentlichkeit, in: Fraenkel, E./Bracher, K.-D. (Hrsg.): Staat und Politik, S. 220.

die private, die in der Familie und individuellen Verkehrskreisen institutionellen Ausdruck findet. In der Sphäre der Öffentlichkeit entwickelten sich bestimmte Formen der Beziehungen (wie etwa auf individueller die Beziehung zwischen Käufer und Verkäufer), wobei beide nunmehr sich durchaus fremd (anonym) waren in dem Sinne, dass der Kontakt nicht in ein Geflecht sozialer Verpflichtungen oder Standeszugehörigkeit integriert war. Bahrdt kennzeichnet so auch den Markt als eine Urform der Öffentlichkeit. Sennett weist darauf hin, dass in dieser Zeit die Institutionen von Ladenlokalen und zugänglichen Büros entstehen.

Neben dem ökonomisch-öffentlichen Bereich bilden sich neue Formen öffentlicher Geselligkeit, wie Kaffeehäuser,[127] Postgasthöfe und Opernhäuser und die „Straße" wird als Ort des Zusammentreffens gedeutet, wie dies sich im Anlegen erster städtischer Parkanlagen zeigt.[128] Neben Formen des freien Warenverkehrs und öffentlicher Geselligkeit (die später institutionell in die freie Marktwirtschaft und in Versammlungs- und Vereinigungsfreiheit übergehen) bilden sich Medien der Öffentlichkeit wie die Presse und politische Klubs (in Paris entstehen 1848 450 Klubs und 200 Presseorgane innerhalb von vier Monaten) als Ursprünge der öffentlichen Meinung, die später in Form der Pressefreiheit legitimiert werden.

Die Herstellung politischer Öffentlichkeit, als Sphäre zwischen Staat und Gesellschaft, öffnet aber auch die Wege zur Darstellung „privater" Bedürfnisse, die sich in Forderungen an den Staat ausdrücken können

---

127 Eine illustrative - und amüsante - Geschichte der Kaffeehäuser und der Lokale findet sich in Schivelbusch, W. (1980): Das Paradies, der Geschmack und die Vernunft.

128 Vgl. Sennett, R. (1983): Verfall und Ende des öffentlichen Lebens: Die Tyrannei der Intimität, S. 31f. Vgl. hierzu auch: Nipperdey, T. (1983): Deutsche Geschichte 1800-1866, S. 553, der den Park unter diesem Gesichtspunkt interpretiert: „Dieser Garten (der Park, d. A.) nun wird öffentlich, wird bürgerlich, auch wenn die Bauherren zunächst noch Monarchen und Adlige sind."

und daraus abgeleitet auch der Wunsch nach Kontrolle staatlichen Handelns. Institutionelle Form findet dieser Prozess in der Entstehung freiwilliger Vereinigungen und in der wachsenden Bereitschaft des Staates, Mitglieder der Gesellschaft in politische Aufgaben einzubinden. Dies geschieht von Seiten des Staates mit Hilfe des „öffentlichen" Ehrenamtes. Für die freiwilligen Vereinigungen gilt nun, dass sie auf die Öffentlichkeit ausgerichtet sind, denn sie füllen diese „Sphäre" und sind in diesem Sinne „öffentlich". „Mit dem Terminus „öffentlich" ist die Tatsache angesprochen, dass Individuen über die Organisation von größeren oder kleineren, lokalen oder überlokalen Gruppen auf Diskrepanzen und Mängel in der Struktur des Gemeindewesens aufmerksam machen und sie mit Hilfe der Gruppenaktivitäten im Sinne ihrer Zielsetzung zu beseitigen beginnen."[129] „Sodann, die Assoziationen zielten auf öffentliche Wirkung, aufs gemeine Wohl, sie beanspruchten Tätigkeitsbereiche, die bis dahin älteren Mächten, zumal dem Staate, vorbehalten waren. Die Assoziationsbildung korrespondierte einer beginnenden Emanzipation vom obrigem Staat."[130]

Nicht nur freiwillige Vereinigungen, die direkt öffentlich-staatliche Aufgaben übernehmen, die der Staat nicht mehr oder noch nicht wahrnehmen will oder kann, und nicht nur Vereinigungen, die gemeinwohlorientierte, auf die „Wohlfahrt" der Bürger bezogene Ziele verfolgen, besitzen öffentliche Funktionen, sondern auch die „eigennützigen" Vereinigungen erfüllen „öffentliche" Aufgaben, nur nicht im Sinne der Ausübung „öffentlicher Gewalt", als verlängerter „Arm" der öffentlichen Hand, sondern durch die Artikulation ihrer „privaten" Interessen. Durch die Versuche, diese durchzusetzen, gewinnen sie erst

---

[129] Wurzbacher, G. (1971): Die öffentliche freie Vereinigung als Faktor soziokultureller, insbesondere emanzipatorischen Wandelns im 19. Jahrhundert, in: Ruegg, W./Neuloh, O. (Hrsg.): Zur sozialen Theorie und Analyse des 19. Jahrhunderts, S. 104f.
[130] Nipperdey, T. (1983): Deutsche Geschichte 1800-1866, S. 12.

einmal öffentliche Bedeutung und infolge des Erfolges auch öffentliche Funktionen.

Um den Kreis unserer Argumentation zu schließen: Die Tätigkeit in freiwilligen Organisationen war ursprünglich gänzlich und wird heute überwiegend ehrenamtlich, d. h. unbesoldet und in Form eines Amtes ausgeführt. Wenn diese, zwar graduell unterschiedlich, öffentliche Funktionen erfüllen, gewinnt auch die ehrenamtliche Tätigkeit in ihnen eine öffentliche Funktion. Und da ein Amt, im soziologischen Sinne, eine funktional definierte Position, in bürokratischen wie in nicht-bürokratischen Organisationen ist, die Amtsinhaber bzw. Postinhaber „im Namen" und „im Auftrag" der jeweiligen Organisation handeln, wäre eine Verknüpfung der nicht-besoldeten Tätigkeit im klassischen öffentlich-staatlichen Bereich und im öffentlich-privaten Bereich ohne Schwierigkeiten zu vollziehen und alle Formen ehrenamtlicher Tätigkeit mit einem öffentlichen Charakter versehen.

Des Weiteren sind sehr wohl Prozesse der Privatisierung der Lebensführung zu entdecken. Diese Prozesse sind zudem in historischer Perspektive des Öfteren aufgetreten, so dass man von Phasen sprechen kann, in denen das Pendel eher zur Seite des öffentlichen Lebens oder zur Seite des privaten schlägt. So galt etwa in der Renaissance das öffentliche Engagement als hoher Wert, während danach im 17. Jahrhundert große Attacken gegen dieses geritten werden, mit dem unterschwelligen Verdacht, dass die „Hingabe an höhere Werte, die angeblich mit dem Streben nach Ruhm einhergehen sollte, in Wahrheit nichts anderes seien als Masken der Selbstsucht und des Eigennutzes".[131] Diese Vorwürfe erinnern übrigens in frappanter Weise an Verdächtigungen in den sechziger Jahren des 20. Jahrhundert gegenüber öffentlichen Tätigkeiten als Selbstdarstellungsorgien und Egotrips.

---

[131] Hirschmann, A. O. (1984): Engagement und Enttäuschung, S. 139.

In der Zeit der Entwicklungsphase zu unserer heutigen modernen Gesellschaft konnte der Privatmensch wieder an Boden gewinnen, da die noch im 18. Jahrhundert gültige Bedeutungsdimension von Glück als öffentliches Wohl zusehends mit privaten Aspekten gefüllt wurde. So trennte sich zudem die im Patrimonalismus übliche Vermengung von privater und öffentlicher Sphäre, die „private Bereicherung" und den „Dienst" am Allgemeinwohl durchaus verbinden konnte Heute, „unter modernen Bedingungen verträgt ein als öffentlich verstandenes Handeln keinerlei Beimischung privater Motive".[132]

Hirschmann hat diese Prozesse, verstanden als Konjunkturzyklen, versucht, mit einem Konzept der Enttäuschung abgeleitet aus der Erklärung von Konsum analytisch zu fassen. Jede Handlung sei durch Erwartungen gesteuert und die Differenz von Erwartungen und Realität führe häufig zu Enttäuschungen. Dieses Konzept sei übertragbar auf das soziale Handeln von Personen. Der Einstieg in eine öffentliche Tätigkeit werde erzeugt durch Enttäuschung im Privaten und ermögliche es, dass „Kosten des Engagement tatsächlich den Charakter eines Nutzens oder Eigenwertes annehmen",[133] weil in der öffentlichen Sphäre ein höherer Sinn und Zweck des Tuns zu finden sei. Werden wiederum im Öffentlichen Enttäuschungen gegenwärtig, gewinne die private Sphäre wieder an Anziehungskraft und führe zu einem abrupten Wechsel dorthin.

Mit Hilfe dieses Konzepts wäre u. U. eine empirische Analyse des ehrenamtlichen Engagements im Spannungsfeld von Öffentlichkeit und Privat möglich. Dies kann in diesem Rahmen allerdings nicht geschehen. Daher sei die Frage nach einer Krise des Ehrenamtes hier offen gelassen und ein abschließendes Zitat erlaubt: „Wie das politische Leben Erlösung von der Langeweile des Privaten, scheint wiederum letz-

---

132   Hirschmann, A. O. (1984): Engagement und Enttäuschung, S. 140.
133   Hirschmann, A. O. (1984): Engagement und Enttäuschung, S. 138.

teres Schutz vor den Aufregungen und der Nichtigkeit kräftezehrender politischer Arbeit zu bieten. Allgemeiner gesagt: die Beschäftigung allein mit den eigenen privaten Bedürfnissen, das „Bebauen des eigenen Gärtleins" bedeutet, dass man sowohl dem illusorischen und anmaßenden Anspruch, die Welt zu verbessern (vita activa) abschwört als auch dem, ihre Gesetze und Geheimnisse zu verstehen (vita contemplativa), und sich statt dessen den Angelegenheiten von unmittelbarem Nutzen pragmatisch zuwendet".[134]

3.3. Amt oder Ehre?[135]

Die Frage nach der Definition des Ehrenamtes entscheidet sich bereits bei der Festsetzung der Priorität eines der beiden Teilbegriffe „Ehre" oder „Amt". Zu welchen Irrtümern die Verwendung des Begriffs „Ehre" als zentrales Definitionskriterium für das Ehrenamt führen kann, soll an einem Beispiel demonstriert werden.

Horch[136] stellt den Begriff „Ehre" in den Vordergrund und bindet ihn an den „ständischen Ehrbegriff". Er begründet dies mit Ausführungen Georg Simmels und Max Webers zur sozialen Bedeutung der Ehre für das soziale Verhalten der Menschen.

„Jede Ehre ist ursprünglich Standesehre, d. h. eine zweckmäßige Lebensform kleinerer Kreise, welche in einem größeren befasst sind und durch die Forderung an ihre Mitglieder, die ihre Ehrbegriffe decken, ihre innere Kohäsion, ihren einheitlichen Charakter und ihren Abschluss

---

[134]   Hirschmann, A. O. (1984): Engagement und Enttäuschung, S. 142.

[135]   Dieser Abschnitt stellte einen Exkurs dar, der in der ursprünglichen Fassung meiner Dissertation enthalten war. In der Buchfassung ist er nicht enthalten und wird hier erstmals veröffentlicht. Geschrieben im Jahr 1985.

[136]   Vgl. Horch, H. D. (1981): Das Ehrenamt im Wandel der Zeit – über die verhaltensprägende Kraft der Ehre in Vergangenheit, Gegenwart und Zukunft, in: Führungs- und Verwaltungs-Akademie Berlin des DSB (Hg.): Das Ehrenamt im Sport – Last ohne Ehren?.

gegen die anderen Kreise eben desselben größeren Verbandes wahren."[137]

Simmel hat dies in seiner Theorie der „Kreuzung sozialer Kreise" noch schärfer herausgestellt.[138]

„Inhaltlich findet die ständische Ehre ihren Ausdruck normalerweise vor allem in der Zumutung einer spezifisch gearteten Lebensführung an jeden, der dem Kreise angehören will. Damit zusammenhängend in der Beschränkung des „gesellschaftlichen", d. h. des nicht ökonomischen oder sonst geschäftlichen, „sachlichen" Zwecken dienenden Verkehrs, ausschließlich namentlich des normalen Konnubium, auf den ständischen Kreis bis zu völliger endogener Abschließung".[139]

Für beide, Weber wie Simmel, ist die „Ehre" eine verhaltensprägende Kraft, die gerade in ständischen Systemen zu finden war. Die Veränderung derselben ist nun aber für beide wiederum Ausdruck des Prozesses sozialer Differenzierung. Simmel sieht dies in den Prozessen der Individualisierung, die zu der Zugehörigkeit zu verschiedenen „sozialen Kreisen" führt und in denen „spezifische Ehrbegriffe" ausgebildet werden, die auch – dies nur nebenbei – „standesgemäße Unehrenhaftigkeit" erlaubt.[140]

Weber sieht in seiner Theorie der Veralltäglichung der charismatischen Herrschaft die ständische Ehre als Grundlage für eine patrimoniale, amtscharismatische Alltagsherrschaft.[141] Für einen weiteren Herrschaftstyp, der „Honoratiorenherrschaft", ist die „soziale Ehre (Pres-

---

137 Simmel, G. (1968): Soziologie, S. 403.
138 Vgl. Simmel, G. (1968): Soziologie, S. 326f.
139 Weber, M. (1972): Wirtschaft und Gesellschaft, S. 535.
140 Vgl. Simmel, G. (1968): Soziologie, S. 326f.
141 Vgl. Weber, M. (1972): Wirtschaft und Gesellschaft, S. 146.

tige)"[142] „Grundlage einer Herrschaftsstellung", sie beruht u. a. auf „Vermögen, Bildungsqualifikation und Lebensführung".[143]

Im Laufe der gesellschaftlichen Entwicklung verliert sich die Bedeutung der ständischen Ehre; an ihre Stelle treten funktionale Äquivalente. Dass dieser Prozess mit der Entfeudalisierung bzw. auch mit der Dekorporierung zusammenhängt, braucht nicht wiederholt zu werden. Aber gerade in dieser Phase entwickelt sich das Ehrenamt in moderner Zeit.

Horch, der sich auf die beiden obigen Zitate beruft und nicht mehr auf die genannten Folgerungen, argumentiert aber wie folgt: Da im Mittelalter die Ehre tragendes Verhaltenskorrektiv war und Ehrenamt über den Begriff der Ehre zu erklären sei (Ehre und Ehrenamt zusammengehören), war „das Mittelalter ... die Blütezeit des Ehrenamtes und der Ehre".[144] Der Hinweis auf die historische Entwicklung des Ehrenamtes, dass das Ehrenamt nach der Jahrhundertwende vom 18. ins 19. Jahrhundert im „öffentlichen" Bereich der „Selbstverwaltung" und im „privaten" Bereich der freien Assoziationen sich erst in moderner Form als Institut herausbildete, in einer Zeit also, in der die „ständische Ehre" nicht mehr eine zentrale Rolle spielte, mag genügen, um den obigen Satz als falsch zu kennzeichnen.

Die Verwendung des Begriffs Ehre als definitorischen Ausgangspunkt führt ihn zu einer weiteren Aussage: „... die sinkende Bedeutung des Ehrenamtes hängt einmal mit diesem Niedergang des ständischen Ehr-

---

[142] Vgl. Weber, M. (1972): Wirtschaft und Gesellschaft, S. 582.

[143] Vgl. Weber, M. (1972): Wirtschaft und Gesellschaft, S. 582.

[144] Horch, H. D. (1981): Das Ehrenamt im Wandel der Zeit – über die verhaltensprägende Kraft der Ehre in Vergangenheit, Gegenwart und Zukunft, in: Führungs- und Verwaltungs-Akademie Berlin des DSB (Hg.): Das Ehrenamt im Sport – Last ohne Ehren?, S. 22.

Begriffes zusammen".[145] Zwangsläufig müssen in dieser Argumentation „mit der Ehre auch die Honoratioren aus der Gesellschaft, die Mittelalter allein berechtigt, aber auch verpflichtet waren, Ehrenämter zu bekleiden (verschwinden)".[146] Und da diese weg sind, „beruhen die meisten Bereiche der Gesellschaft (welche? Familie, Nachbarschaft, Politik, Sozialwesen?, d. A.) auf hauptamtlicher Arbeit gegen Bezahlung".[147]

Kehrt man dies um, müsste also im Mittelalter der Hauptteil der Arbeit ehrenamtlich geleistet worden sein. Hier verfängt sich die Argumentation Horchs zusehends. Er gerät in eine Argumentationsfalle, die allein durch die Benutzung des Begriffs Ehre herbeigeführt wird. Da er des weiteren die Existenz des Ehrenamtes zugestehen muss, eigentlich dürfte es ja keines mehr geben, begrenzt er einmal diese auf die freiwilligen Vereinigungen, kappt also alle Aspekte öffentlicher Ehrenämter ab, und stellt sich zudem die Frage: „Was nutzt dieser soziologisch-vergleichende Rückblick auf Ehre und Ehrenamt für die Lösung des Problems"[148] des vermeintlichen Rückganges ehrenamtlicher Tätigkeit? Die einzige Antwort darauf ist: wenig.

---

[145] Horch, H. D. (1981): Das Ehrenamt im Wandel der Zeit – über die verhaltensprägende Kraft der Ehre in Vergangenheit, Gegenwart und Zukunft, in: Führungs- und Verwaltungs-Akademie Berlin des DSB (Hg.): Das Ehrenamt im Sport – Last ohne Ehren?, S. 23.

[146] Horch, H. D. (1981): Das Ehrenamt im Wandel der Zeit – über die verhaltensprägende Kraft der Ehre in Vergangenheit, Gegenwart und Zukunft, in: Führungs- und Verwaltungs-Akademie Berlin des DSB (Hg.): Das Ehrenamt im Sport – Last ohne Ehren?, S. 23.

[147] Horch, H. D. (1981): Das Ehrenamt im Wandel der Zeit – über die verhaltensprägende Kraft der Ehre in Vergangenheit, Gegenwart und Zukunft, in: Führungs- und Verwaltungs-Akademie Berlin des DSB (Hg.): Das Ehrenamt im Sport – Last ohne Ehren?, S. 23.

[148] Horch, H. D. (1981): Das Ehrenamt im Wandel der Zeit – über die verhaltensprägende Kraft der Ehre in Vergangenheit, Gegenwart und Zukunft, in: Führungs- und Verwaltungs-Akademie Berlin des DSB (Hg.): Das Ehrenamt im Sport – Last ohne Ehren?, S. 27.

3.4. *Wurzeln des Ehrenamtes*[149]

Die Wurzeln des öffentlichen Ehrenamtes lassen sich bereits in den alten Kulturen finden.[150] Jede Maßnahme, um die komplexer werdenden Sozialgebilde zu organisieren, d. h. auch jeder Akt der Delegation bestimmter Personen aus einer Gesamtheit zur Bewältigung bestimmter Funktionen (wie Rechtsprechung, Gesetzgebung und Kriegsdienste), die nicht mehr von der Gesamtheit, sondern von Ausschüssen als Vertreter der Gesamtheit erfüllt werden, kann als Einrichtung von Ehrenämtern betrachtet werden. Gemeinsam ist diesen Aufgaben, dass sie unentgeltlich erfüllt und die sie übernehmenden Personen gewählt werden.

So kann man auch die Ämter in der römischen Republik (wie etwa die Konsulen, Censoren, Quaestoren etc.) als Ehrenämter bezeichnen.[151] Ohne jetzt historisch im Detail die Entwicklung von Ehrenämtern weiterzuverfolgen, kann festgestellt werden, dass die Bedeutung der Ehrenämter als Strukturprinzip sich erst in der feudalen Gesellschaft verliert. Die Vertreter der „fürstlichen" bzw. „gräflichen" Verwaltung des Mittelalters wurden zwar nicht direkt besoldet, die Zuweisung der Verwaltung durch das Lehen kann aber als Gratifikationsersatz betrachtet werden. Nur in den Städten halten sich Reste des Ehrenamtsprinzips, obwohl die Ausübung auf die Patriziergeschlechter begrenzt war und sich des Weiteren der juristisch ausgebildete Berufsbeamte entwickelte. Das Prinzip der ehrenamtlichen Tätigkeit in den Städten

---

[149] Dieser Abschnitt stellte einen Exkurs dar, der in der ursprünglichen Fassung meiner Dissertation enthalten war. In der Buchfassung ist er nicht enthalten und wird hier erstmals veröffentlicht. Geschrieben im Jahr 1985.

[150] Vgl. hierzu Fölsche, E. (1911): Das Ehrenamt in Preußen und im Reich.

[151] Allerdings sollte man hinzufügen, dass eine dem Konsulat folgende Statthalterschaft in einer römischen Provinz häufig zur nachträglichen Gratifikation genutzt wurde. Werner Eck, Professor für alte Geschichte an der Universität Köln, wies mich darauf hin, dass eine historische Arbeit über das Ehrenamt von der frühen römischen Republik bis zur Spätantike bis heute nicht vorliegt.

war aber erst endgültig gebrochen, als die freie Wahl an Bedeutung verlor und das Prinzip der Zuwahl, der Kooptation, an deren Stelle trat und zu Oligarchisierung, Cliquen und Versippung führte. Gleichzeitig mit dieser Entwicklung zeigten sich erste Tendenzen der Bezahlung durch Naturalien oder Geld. „Sie (d. h. die Inhaber der Ämter, d. A.) betrachten die Regierung nicht als öffentliche Pflicht, sondern als ein privates nutzbares Kollektivrecht der herrschenden Klasse."[152]

Die Folge hiervon war Korruption und der Verfall des kommunalen Finanzwesens. Dies führte dazu, dass der absolute Staat in die Reste der Selbstverwaltung eingreift. Die Inhaber der Ämter wurden nun vom Fürsten ernannt, in der Regel auf Lebenszeit und - zwar schlecht – besoldet.[153] Zum Ende des 18. Jahrhunderts war so die (stadt-) bürgerliche Partizipation beseitigt, die Prinzipien der Wahl und der Nichtbesoldung der Ämter abgeschafft.[154]

3.5. Frühe Vermutungen über das Ehrenamt in der Sportsoziologie[155]

Zu den ersten sozialwissenschaftlichen Behandlungen des Ehrenamtes im Sport gehört ein Artikel von Klaus Heinemann,[156] in dem er die Frage zu beantworten sucht, ob ehrenamtliche Tätigkeit noch zeitgemäß sei. Er geht dabei von einer mangelnden Bereitschaft zu ehrenamtlicher Tätigkeit aus. Der Wert dieser Tätigkeit lasse sich nicht durch einen ökonomischen Kosten-Nutzen-Vergleich bestimmen, sondern sei in

---

[152] Hinze, O. (1901): Acta Borussica, S. 242, zitiert nach Fölsche, E. (1911), S. 8.

[153] Oft waren die Ernannten nicht mehr Mitglieder der Bürgerschaft, sondern alte Offiziere außer Diensten oder Invaliden.

[154] Vgl. hierzu auch: Rothfels, H. (1948): Stein und die Neugründung der Selbstverwaltung, in: Zeitschrift für Religion- und Geistesgeschichte, 1. Jg. (1948).

[155] Dieser Abschnitt stellte einen Exkurs dar, der in der ursprünglichen Fassung meiner Dissertation enthalten war. In der Buchfassung ist er nicht enthalten und wird hier erstmals veröffentlicht. Geschrieben im Jahr 1985.

[156] Vgl. Klaus Heinemann, Ist ehrenamtliche Mitarbeit noch zeitgemäß?, in: Sportwissenschaft 1 (1977) , S. 6-13. Diesen Text hat Heinemann anlässlich der Jahreshauptversammlung des DSJ 1976 in Kornwestheim vorgetragen.

seiner spezifischen Eigenart zu sehen. Zwar ermöglicht die ehrenamtliche Tätigkeit, da sie unbezahlt sei, erst die Erledigung der vielfältigen Aufgaben im Sport und den Zugang „aller" zum Sport, aber der eigentliche Wert läge in der „verhaltensprägenden Kraft der Ehre".[157] In der Frage der Motivation läge im „Gewinnen und Bewahren der Ehre (...die) treibende Kraft, sich die Organisationsziele zu Eigen zu machen"[158] Dieser Mechanismus gewährleiste eine Verknüpfung „äußerer" Zwecke und „innerer" Mittel, d. h. einer Verknüpfung persönlicher Eigeninteressen und der Verwirklichung organisatorischer Ziele.

„Es gibt wohl kaum ein besseres Beispiel dafür, wie sich ein persönliches Eigeninteresse, die individuellen Interessen, Bestrebungen und Intentionen in vollkommener Weise mit den Sozialinteressen verschlingen".[159] Heinemann nimmt zur Kennzeichnung des Ehrenamtes den Begriff Ehre zum Ausgangspunkt seiner Überlegungen[160] und unterlegt auch ihm ein Kosten-Nutzen-Kalkül (Gewinnen und Bewahren), allerdings ein nicht-pekuniäres. Mit Hilfe spezifischer „Strukturzüge" der modernen Gesellschaft und einer pessimistischen Interpretation dieser kombiniert er das Ehrenamt dann zu einer Gegenstruktur innerhalb unserer Gesellschaft. Erstens habe sich durch gesellschaftliche Differenzierung institutionelle Autonomie entwickelt, die die Menschen aus "umfassenden sozialen Lebensgruppen" herausnimmt. Zweitens führen Prozesse notwendiger Spezialisierung der Arbeit zur Professionalisierung und drittens sei mit dieser Entwicklung ein „Verlust

---

[157] Vgl. Klaus Heinemann, Ist ehrenamtliche Mitarbeit noch zeitgemäß?, in: Sportwissenschaft 1 (1977), S. 8

[158] Heinemann, K. (1977) Ist ehrenamtliche Mitarbeit noch zeitgemäß?, in: Sportwissenschaft 1 (1977), S. 8.

[159] Heinemann, K. (1977): Ist ehrenamtliche Mitarbeit noch zeitgemäß?, in: Sportwissenschaft 1 (1977), S. 8f.

[160] Vgl. Die Grenzen dieses Weges haben wir bereits in Kapitel „Amt oder Ehre?" eingehend behandelt und anhand eines Beispiels in Frage gestellt.

des Wirklichkeitsgefühls"[161] verbunden. In der Kombination dieser Prozesse entstünde dann die Schwierigkeit für die Menschen, eine Identität, ein Selbstbild aufzubauen und in sozialen Feldern durch Selbstachtung und Selbstdarstellung zu leben. Emotionale Beziehungen sterben in einer funktionsspezifischen organisierten Umwelt ab und werden nun in der Familie gesucht, die dadurch wiederum von anderen Sozialbezügen abgekoppelt wird. In der ehrenamtlichen Mitarbeit in Vereinen sieht er dann die Lösung des Problems; da diese zwischen der „Intimität der Familie" und „organisierter Fremdbestimmung" läge.

Er zieht daraus den Schluss, „dass ehrenamtliche Mitarbeit dadurch eine Funktion und Bedeutung in modernen Gesellschaften erhält, dass sie sich gleichsam als Gegenstruktur sowohl gegenüber dem familiären Privatbereich als auch gegenüber den formal organisierten Strukturen im Bereich von Wirtschaft, Politik und Verwaltung behauptet und damit jene Probleme auffangen kann, die sich aus einer Polarisierung in eine privat-familiäre Sphäre einerseits, formal organisierten Strukturen andererseits ergeben".[162]

Daraus leitet er drei „Funktionen" ehrenamtlicher Tätigkeit ab, sie führe aus der „Enge der rein privaten Lebensweise" und den „Motiv hemmenden, tristen Bedingungen einer organisierten Arbeitswelt", konstituiere durch überschaubare Handlungsräume wieder Wirklichkeitsbezüge und biete die Möglichkeit, wieder soziale Beziehungen zu harmonisieren und zu integrieren.

Im Kern ist diese Interpretation Heinemanns die Formulierung einer Kompensationsthese. Sie wird dadurch konstruiert, dass eine soziale

---

161 Heinemann, K. (1977): Ist ehrenamtliche Mitarbeit noch zeitgemäß?, in: Sportwissenschaft 1 (1977), S. 9.
162 Heinemann, K. (1977): Ist ehrenamtliche Mitarbeit noch zeitgemäß?, in: Sportwissenschaft 1 (1977), S. 10.

Verhaltensweise, die ehrenamtliche Tätigkeit, aus gesellschaftlichen Bezügen herauspräpariert, diesen wiederum gegenübergestellt und zum Mittel der Heilung vermeintlicher Mängel der Gesellschaft angeboten wird. Die „Funktionen", die dieser zugeschrieben werden, sind dabei nicht Ergebnis einer funktionalen Analyse der Bedeutung ehrenamtlicher Tätigkeit in einem sozialen System, sondern Wunschvorstellungen zur Ausgleichung als falsch interpretierter gesellschaftlicher Entwicklungen.

Diesem Ansatz fehlt so meines Erachtens die Einordnung der ehrenamtlichen Tätigkeit in funktionale und strukturelle Zusammenhänge, dort wo sie tatsächlich stattfindet. Erst durch diese kann ein analytischer Gewinn gezogen werden. Heinemann, und in seiner Nachfolge Horch, haben die Grundzüge der geschilderten Argumentationskette im Prinzip nicht verlassen.[163] Auch spätere Veröffentlichungen nehmen implizit die Kompensationsthese und die Ehre bzw. deren Äquivalente als Ausgangspunkt.[164]

Ein weiterer Versuch, die Ehrenamtlichkeit im Sport analytisch zu fassen, liegt von Hans-Ulrich Derlien vor.[165] Dieser bettet das Ehrenamt im Sport in historische und sozial-kulturelle Zusammenhänge, wie dies für eine Analyse notwendig ist. Zum einen weist er auf den spezifischen Charakter des Vereinswesens, die im Grunde funktionale

---

163 Vgl. Horch, H.-D. (1981): Das Ehrenamt im Wandel der Zeit – über die verhaltensprägende Kraft der Ehre in Vergangenheit, Gegenwart und Zukunft, in: Führungs- und Verwaltungs-Akademie Berlin des DSB (Hg.): Das Ehrenamt im Sport – Last ohne Ehren?; Heinemann, K./Horch, H.-D. (1981): Soziologie der Sportorganisation, in: Sportwissenschaft 11 (1981); Horch, H.-D. (1983): Strukturbesonderheiten freiwilliger Vereinigungen.

164 Dass der Autor die Tragfähigkeit dieses Konzepts als nicht ausreichend ansieht, braucht nicht vermerkt zu werden, da sich dies aus der gesamten Anlage dieser Arbeit ergibt.

165 Vgl. Derlien, H.-U. (1980): Zur Bedeutung und Funktion der ehrenamtlichen Mitarbeiter in sozialen Systemen, in: DSB (Hg.): Idealismus oder Materialismus? Zur ehrenamtlichen Mitarbeit im Sport.

Äquivalente zum mittelalterlichen Korporationswesen als intermediäre Instanzen darstellen, mit dem Unterschied einer partikulären und individuellen Bindung, und zum anderen die strukturellen Merkmale der Vereine als Selbstverwaltungskörperschaften mit Freiwilligkeit der Mitgliedschaft, formaler Satzung und Ehrenamtlichkeit.[166] Des Weiteren verknüpft Derlien dies mit den Aspekten des öffentlichen Ehrenamtes des 19. Jahrhunderts seit Stein-Hardenberg, d. h. der Idee der Selbstverwaltung als „staatliche Inpflichtnahme privater Personen".[167] Zwischen „öffentlichem" Ehrenamt und dem Ehrenamt im Sport sieht er eine Analogie im „bürgerlichen Honoratiorentum" wie es typisch für das erstere war. Die Entwicklung des Sports sei allerdings vom Gedanken des (bürgerlichen) Amateurismus als Kontrapunkt zum „professionellen" Sport der Unterschichten (zumindest in England) zu sehen.

Die sozioökonomischen Kennzeichen des Honoratorentums wiederum lägen in den Merkmalen, die ehrenamtliche Tätigkeit erst ermöglichen: privater Besitz, Freizeit, Qualifikation und eines Ehrbegriffs der „Pflicht und Schuldigkeit" Ämter zu übernehmen.

Derlien entwickelt die weiteren Aspekte dieses Erklärungsansatzes nicht fort,[168] sondern wendet sich den - so scheint es wenigstens - immer wieder gestellten Kardinalfrage der Sportorganisationen nach den vermeintlichen Defiziten ehrenamtlicher Beteiligung im Sport und den möglichen „Gefahren" der Hauptamtlichkeit zu und widmet sich dabei

---

166   Vgl. Derlien, H.-U. (1980): Zur Bedeutung und Funktion der ehrenamtlichen Mitarbeiter in sozialen Systemen, in: DSB (Hg.): Idealismus oder Materialismus? Zur ehrenamtlichen Mitarbeit im Sport, S. 19.

167   Derlien, H.-U. (1980): Zur Bedeutung und Funktion der ehrenamtlichen Mitarbeiter in sozialen Systemen, in: DSB (Hg.): Idealismus oder Materialismus? Zur ehrenamtlichen Mitarbeit im Sport, S. 20.

168   Diese angerissenen Aspekte waren allerdings erste Hinweise für eine analytische Erfassung des Phänomens, wie dies im Kapitel „Ehre und Amt" ausgeführt wird.

wiederum allgemeiner gesellschaftlicher „Funktionen" des Vereins und Ehrenamtlichkeit, wie dies bereits bei Heinemann angeklungen ist. Auch er behandelt nicht die organisatorischen Aspekte, sondern verharrt in der individualistischen Perspektive.

Im Rahmen einer Analyse der Trainerrolle im Hochleistungssport unter systemtheoretischer Perspektive behandelt Karl-Heinrich Bette auch Aspekte der Ehrenamtlichkeit.[169] Er betrachtet dabei erst einmal die restriktiven Bedingungen der Ehrenamtlichkeit für eine Professionalisierung der Trainerrolle. Er sieht dabei folgendes zentrales Problem: „Wo ehrenamtlich kontrolliert wird, haben professionelle Trainer wenig Entfaltungsmöglichkeiten. Ehrenamtliche Mitarbeiter, die durch demokratische Entscheidungsprozesse (externe Kontrolle!) gewählt werden - zudem durch ihre Freiwilligkeit und unentgeltliche Tätigkeit weite Irrtumsfreiräume und ein starkes Verweigerungspotential besitzen und ihr Handeln anhand spezifischer Werte ausrichten, die z. B. breitensportlicher Art sein können - müssen sich quasi mit Funktionsträgern stoßen, die eigene Autonomieansprüche stellen, hierbei aber auf Ressourcen verwiesen bleiben, die ihnen nur Ehrenamtliche zur Verfügung stellen können".[170]

Er sieht in diesem Zusammenhang des Öfteren „Kollisionen" entstehen zwischen der Verbandspolitik und „trainingsfachlichen Funktionserfordernissen".

Das Interessante an Bettes weiteren Betrachtungen ist nun seine funktionale Bewertung der Ehrenamtlichkeit in Bezug auf diesen einen As-

---

169 Vgl. Bette, K.-H. (1984): Die Trainerrolle im Hochleistungssport.
170 Bette, K.-H. (1984): Die Trainerrolle im Hochleistungssport, S. 67. Bette verweist dabei auch auf eine Arbeit des Autors, allerdings konstatiere ich darin keine „weiteren Irrtumsfreiräume" oder „starkes Verweigerungspotential". Insoweit ist der Verweis nicht ganz angebracht.

pekt.[171] Aus der Sicht des Systems (durch Sportvereine und -verbände organisierten Hochleistungssport) sieht er eine „Funktion ehrenamtlichen Handelns für die Stabilisierung systemeigener Sinnansprüche und die Abwehr äußerer Zumutungen".[172] Ehrenamtliche Tätigkeit wirke entlastend auf das System, da sie externe Ansprüche, die zu einer weiteren Ausdifferenzierung und Vergesellschaftung des (Hochleistungs-) Sports führen können, in Form einer stärkeren Ökonomisierung etwa, reduziere.

Trotz Differenzierung und Spezialisierung in Teilbereichen des Sports bleibt durch die Einbeziehung von ehrenamtlichen „Laienelementen" eine Rückkopplung des Sozialsystems Sport an Lebenswelten gewährleistet und die Ehrenamtlichkeit bewahre den Sport davor, vollständig durch wirtschaftliche Interessen und politische Ziele vereinnahmt zu werden.[173] In dieser Sichtweise wird die Ehrenamtlichkeit und Hauptamtlichkeit nicht mehr als Alternative gedacht, sondern in ihrer Gleichzeitigkeit und dadurch wird die Aufmerksamkeit auf die Notwendigkeit und Bedingungen der Balancierung beider Bereiche gelenkt. Dies ist zudem ein Hinweis auf die Notwendigkeit, den funktionalen und strukturellen Kontext der Ehrenamtlichkeit zu behandeln. Die wenigen Versuche, die Ehrenamtlichkeit im Sport zu analysieren, sind durch einen Mangel an solcher Perspektive gekennzeichnet.

---

[171] Auch Bette ist in einer allgemeinen Einschätzung der Ehrenamtlichkeit nicht ganz frei von unbelegten Vermutungen. So etwa, ehrenamtliches Engagement könne die „Parzellierung individueller Lebensführung" aufheben, oder es sei ein „weiteres Karrierefeld; und es bestehe ein ehrenamtliches Element des Diffusen, Gemächlichen und Trägen". Bette, K.-H. (1984): Die Trainerrolle im Hochleistungssport, S. 72.

[172] Bette, K.-H. (1984): Die Trainerrolle im Hochleistungssport, S. 70.

[173] Vgl. Bette, K.-H. (1984): Die Trainerrolle im Hochleistungssport, S. 71.

3.6. Frühe Vermutungen über das Ehrenamt im deutschen Sport[174]

Es geht in diesem Abschnitt um die verbandsinterne Diskussion über das Ehrenamt, die gerade im Sport intensiv geführt wird. Hierzu wurden verschiedene Symposien veranstaltet und der Bundestag des DSB im Jahre 1982 in Düsseldorf wurde unter dieses Motto gestellt.

Das Ehrenamt war innerhalb der Sportverbände regelmäßig Gegenstand innerverbandlicher Diskussionen. Durch die Verstärkung öffentlicher Förderung des Sports und der damit einhergehenden Intensivierung hauptamtlicher Aufgabenerledigung verstärkte sich zusehends diese Diskussion. Dabei standen zwei Kristallisationspunkte der Diskussion im Zentrum: (1) Die ehrenamtliche Tätigkeit war die spezielle „Eigenleistung" der Vereine und Verbände, die jede Organisation und Institution .bei staatlicher Förderung nachzuweisen hat, wenn dies nach dem Subsidiaritätsprinzip erfolgt. Sie wurde daher verstärkt betont. Und (2) stellte die wachsende Hauptamtlichkeit das ehrenamtliche Führungsprinzip zwar nicht faktisch in Frage, aber führte ein weiteres Handlungsmodell in die Sportverbände ein. Die Gleichzeitigkeit beider Modelle führte anscheinend zu größeren Legitimationszwängen für die Ehrenamtlichkeit. Um diese beiden Punkte ranken sich weitgehend die Diskussionen. Aus den zahlreichen Äußerungen der Verbandsvertreter zur Ehrenamtlichkeit sollen nur einige herausgegriffen werden, da die Argumente sich häufig wiederholen, teilweise mit identischen Wortlauten.

Hans Hansen, einer der Vizepräsidenten des DSB und des DFB sowie Präsident des LSB Schleswig-Holstein, vertrat auf einem Symposium,

---

174 Dieser Abschnitt stellte einen Exkurs dar, der in der ursprünglichen Fassung einer Dissertation enthalten war. In der Buchfassung ist er nicht enthalten und wird hier erstmals veröffentlicht. Geschrieben im Jahr 1985.

das der DSB zusammen mit den beiden Kirchen in Deutschland durchführte,[175] den Kern der Argumente wie folgt:

„Der deutsche Sport hat ... Beweis dafür angetreten, dass ohne die freiwillige Initiative der Bürger einer freiheitlich-demokratischen Gesellschaft entscheidende Impulse fehlen würden... Nur das ehrenamtliche Element im Sport verhindert die totale Abhängigkeit des Sports vom Staat oder seiner Mitglieder von den Verbänden und Vereinen. Dieses ehrenamtliche Engagement stellt gleichzeitig eine staatsbürgerliche Leistung dar, auf die der Sport nicht nur stolz sein kann, die vielmehr von den verantwortlichen Kräften in diesem Staat als eine bedeutsame Leistung vieler Staatsbürger respektiert werden muss. Ehrenamtliche Führung im Sport .ist kein Ausdruck der Vereinsmeierei, die man den Deutschen zuschreibt. Ehrenamtliche Arbeit im Sport ist der Beitrag eines verantwortungsbewussten Staatsbürgers, der durch tatkräftige ehrenamtliche Arbeit nicht nur seinem Verein hilft, sondern durch diese Tätigkeit auch diesen unseren Staat trägt."[176]

Das Ehrenamt wird nicht nur als Garant der eigenen verbandlichen Unabhängigkeit, sondern als Garant demokratischer Struktur in der Gesellschaft insgesamt betrachtet. Dieser letztere Bezug wird immer wieder betont. So etwa Heinz-Helmut Claußen, Präsident des LSB Bremen, für den „der ehrenamtlich Tätige wahrhaft Demokrat"[177] sei. Oder Hermann Neuberger, Präsident des DFB, der in der freiwilligen Leistung den „tiefgehendste(n) Beitrag des Sports für das Wohl unserer Gesellschaft" sieht.[178] Oder Willi Weyer, Präsident des DSB, der in der ehrenamtlichen Tätigkeit Leistungen sieht, „ohne die ein freiheitli-

---

175 Vgl. Derlien, H.-U. (1980): Zur Bedeutung und Funktion der ehrenamtlichen Mitarbeiter in sozialen Systemen, in: DSB (Hrsg.): Idealismus oder Materialismus? Zur ehrenamtlichen Mitarbeit im Sport
176 Hansen, H.: Zur Bedeutung und Funktion der ehrenamtlichen Mitarbeit im Bereich des Deutschen Sportbundes, in: DSB 1980, S. 35.
177 In: DSB-Information Nr. 48/82, S. 2.
178 In: DSB-Information Nr. 31/83, S. 5f.

cher, demokratischer und sozialer Rechtsstaat nicht auskommen kann."[179]

Auf dem Bundestag des DSB 1982 in Düsseldorf, der unter das Motto: Das Ehrenamt im Sport gestellt wurde, sind die einzelnen Bewertungen des Ehrenamtes in einer Resolution zusammengefasst worden. Ehrenamtliche Mitarbeit biete die Chance „mit zu gestalten, sich für andere einzusetzen, Entscheidungen zu treffen", schaffe „ideelle und soziale Werte" sichere „Unabhängigkeit" und stärke die „freie Gesellschaft", als „notwendige Voraussetzung für ein demokratisches Gemeinwesen".[180] Auf dem gleichen Bundestag liefern zwei Wissenschaftler die notwendigen Begründungen für diese Charakterisierung des Ehrenamtes. Prof. H. Laufer sieht im Ehrenamt die Möglichkeit, drei zentralen Herausforderungen der heutigen Zeit zu begegnen: (1) der „Professionalisierung und Entfremdung der Politik", (2) der „zunehmenden Totalisierung des Staates" und (3) der „sich ausbreitenden Existenzangst und (der) Suche nach Sinn."[181] Das Ehrenamt diene dabei als Schlüssel, die Bürger wieder für die Politik zu engagieren, durch „Einüben von Demokratie in der Gruppe oder im Verein; ermuntern zu aktiver politischer Betätigung; Reservoir für politische Führungsbegabungen".[182] Zudem sei der notwendige Rückzug des Staates im sozialen und kulturellen Bereich dann durch ehrenamtliche Tätigkeit sinnvoll zu füllen. Die dadurch wieder entstehende Bürgerverantwortung führe zu „Alternativen für neue Lebensgestaltung".[183]

Prof. Schober sieht auf der gleichen Veranstaltung des Weiteren das „gelebte Ehrenamt" als eine „der wirksamsten Gegenbewegungen

---

[179] Bundestag 1982 des DSB in Düsseldorf: Das Ehrenamt im Sport, o.J., o.O., S. 20.
[180] Bundestag 1982 des DSB in Düsseldorf: Das Ehrenamt im Sport, S. 29.
[181] Bundestag 1982 des DSB in Düsseldorf: Das Ehrenamt im Sport, S. 4.
[182] Bundestag 1982 des DSB in Düsseldorf: Das Ehrenamt im Sport, S. 6.
[183] Bundestag 1982 des DSB in Düsseldorf: Das Ehrenamt im Sport, S. 8.

gegen den Trend zur Staatsverdrossenheit und gegen die Aussteiger-Mentalität".[184]

Diese Interpretationen werden von den Politikern aller Parteien geteilt. Stellvertretend sei hier auf Johannes Rau, Ministerpräsident des Landes Nordrhein-Westfalen und Friedrich Zimmermann, Bundesminister des Innern verwiesen. Beide sehen in der Ehrenamtlichkeit ein „Vorbild an Gemeinsinn"[185] bzw. ein „Vorbild für andere Bereiche unserer Gesellschaft".[186]

Der zentrale Punkt in dieser Aufstellung der Legitimationsfiguren liegt in dem bemerkenswerten Fakt, dass das Ehrenamt nicht ausschließlich unter verbandsinternen, strukturellen Gesichtspunkten betrachtet wird, sondern seine Rechtfertigung in allgemein gesellschaftlichen Bedingungen gesucht wird. Es wird weniger als adäquates Institut demokratisch-kollegial strukturierter Organisationen betrachtet, sondern eher zu einem Lösungsmechanismus gesellschaftlicher Probleme stilisiert. Durch diese Erhöhung des Ehrenamtes wird meines Erachtens einer nüchternen analytischen Betrachtung der Weg verstellt, denn Aufgabe dieser sollte es sein, nicht über Soll-Vorstellungen, sondern erst einmal über eine funktionale Bewertung sich dem Gegenstand zu nähern. Zudem erschwert sich dadurch auch für die ehrenamtlichen Funktionsträger die Einschätzung der eigenen organisatorischen Kontexte, in denen sie handeln und dies bleibt notwendig, um den funktionalen Erfordernissen ihrer Organisationen gerecht zu werden.

---

184 Bundestag 1982 des DSB in Düsseldorf: Das Ehrenamt im Sport, S. 9.
185 Rau, J.: Partnerschaft zwischen Sport und Staat, in: LS B m~ 7/1 98 1, S. 3.
186 Zimmermann, F., zitiert nach DSB-Information Nr. 46/ 1972, S. 6.

3.7. Ehrenamt im Sport: Nach der Wende[187] - Auf dem Podium

Ich bin als Sportsoziologe eingeladen worden, vor allen Dingen zum Thema Ehrenamt ein kurzes Statement abzugeben. Ich weise deswegen darauf hin, weil ich kein Sportpraktiker bin wie die anderen Kollegen hier am Tisch, die aus der praktischen Erfahrung des Sportes berichten können.[188] Ich versuche aus diesem Grunde, etwas analytisch an die Sache heranzugehen und vor allen Dingen zum Thema Ehrenamt ... einige Hinweise zu geben, die ich aus meinen Forschungen zum Ehrenamt gewonnen habe.

Mein Ausgangspunkt ist: Im Artikel 39 Einigungsvertrag wird festgelegt, dass mit dem Beitritt der DDR der Sport in den beigetretenen Teilen nach den gleichen Strukturen wie in der alten Bundesrepublik aufgebaut werden soll. Ich glaube, es ist ganz hilfreich, zu erinnern, wie diese gleichen Strukturen eigentlich aussehen. Das ist teilweise in den Beiträgen schon angemerkt worden. Mir geht es darum, einige Grundlinien zu erklären, wie das Sportverbandssystem und Vereinssystem im Westen aufgebaut ist,

(...). Der Grundpfeiler der Vereins- und Verbandsentwicklung in der alten Bundesrepublik war das Ehrenamt. Das ist Ihnen bekannt. Und

---

[187] Diese Miszelle enthält Statements, die ich auf einer Anhörung der FDP-Bundestagsfraktion zu dem Thema „Aufschwung Ost auch im Sport? Zwei Jahre nach der Wiedervereinigung" geäußert habe, die am 20. November 1992 in Halle/Saale im Hotel Maritim stattgefunden hat. Geleitet wurde die Veranstaltung von der damaligen stellvertretenden Fraktionsvorsitzenden der FDP-Bundestagsfraktion Uta Würfel. Die Veranstaltung wurde mitgeschnitten und eine Dokumentation unter dem gleichen Titel transkribiert (70 Seiten, vervielfältigt) Dieser Dokumentation sind meine Äußerungen entnommen.

[188] Zum Themenblock III: Vereins- und Verbandsentwicklung saßen auf dem Podium, Herr Bartel, Vorsitzender des Turn- und Sportvereins Friedland, Herr Rettich, Präsident des DSC Dresden, Prof. Dr. Manfred Thieß, Sportwissenschaftler von der Universität Jena Herr Schmackpfeffer vom Bundesausschuss Sport, Herr Knorr, Sportdirektor des LSB Brandenburg, Herr Höppner, Leiter des Olympiastützpunktes Potsdam.

es ist auch gerade gesagt worden, das bedeutet, dass von den über 60.000 Vereinen im Westen der Bundesrepublik nur ein ganz geringer Teil durch hauptamtliche Geschäftsführer geleitet wird. Was später durch die Bundesregierung im Sportbericht des Innenministeriums[189] auch deutlich gemacht worden ist, war die Forderung, dass die Vereine - also auch im Ostteil der Bundesrepublik - nach demokratischen Strukturen organisiert werden sollen. Das heißt, Vereine im Osten können nur aufgebaut werden, wenn sie über eine Ehrenamtlichkeit verfügen, die qua Definition durch die Mitglieder der Vereine gewählt sind. Sie brauchen sich die Frage gar nicht zu stellen, ob sie das ehren- oder hauptamtlich machen, sie müssen es ehrenamtlich machen. Sie können dann hingehen und hauptamtliche Trainer und Geschäftsführer einstellen. Sie sind aber einem demokratisch gewählten Vorstand gegenüber zu legitimieren.

Ich glaube, in der Diskussion ist ein bisschen untergegangen, ob man nun den Weg der Hauptamtlichkeit geht oder nicht. Ich weiß, dass die Struktur, soweit ich sie kenne - ich kenne sie sicherlich nicht so gut wie sie -, der Hauptamtlichkeit in der früheren DDR wesentlich stärker gewesen ist. Das Kennzeichen der westlichen Bundesrepublik in dieser Entwicklung bis heute ist, dass die verstärkte Hauptamtlichkeit, die wir in den alten Bundesländern kennen, vor allen Dingen auf den Hochleistungssport bezogen war. Und das ist auch der Grund, dass das BMI den Sport fördert. Also ohne eine Hochleistungssportförderung gäbe es die BMI-Förderung nicht.

Ich weiß nicht, ob Herr Stock[190] mir da widersprechen wird: Man muss auch im Hinterkopf behalten, dass der Förderungsdruck. bezogen auf den Hochleistungssport, auf der Bundesebene nachlassen wird. Das

---

[189]   Vgl. Bundesminister des Innern (Hrsg.) (1991): Siebter Sportbericht der Bundesregierung.
[190]   Herr Stock war Vertreter des Bundesministeriums des Innern, also des Sportministers der Bundesrepublik Deutschland

liegt einfach - das wissen Sie auch - daran, dass die Förderung des Hochleistungssports im Westen damit begründet worden ist, dass die DDR große Erfolge hatte. Wir hatten also einen deutlichen Systemvergleich zwischen den beiden Sportsystemen. Das fällt weg. Damit kann man nun den Schluss ziehen, dass das BMI oder die Bundesregierung sicherlich etwas nachlassen wird in Zukunft, den Hochleistungssport so stark zu fördern oder weiter auszubauen. Ich glaube, das kann man so sagen. Das müsste man bedenken. Es wird vielleicht eine Bestandserhaltung geben, eventuell auch eine Bestandserhaltung in den neuen Bundesländern. Ich glaube, es ist sehr wichtig, dass man das mal sagt.

Ehrenamtliche Gremien sind im Grunde qua Verfassung zu errichten. Das Problem bei ihnen wird später sein, wie sie die Hauptamtlichkeit und die Ehrenamtlichkeit verknüpfen. Ich sehe bei ihnen größere Schwierigkeiten als in den alten Bundesländern, weil das hauptamtliche Element so stark ist, bzw. nicht viele von ihren Funktionsträgern die Erfahrungen der Hauptamtlichkeit haben. Ich weiß nicht, wie sich das mental durchdrückt, wenn man früher hauptamtlich in diesem Bereich gearbeitet hat und dann später, und zwar mit einem anderen Beruf, ehrenamtlich arbeitet.

Ich weiß, das sind vielleicht etwas theoretische Äußerungen. Noch einen praktischen Hinweis bezogen auf das Jahr des Ehrenamtes: Es gibt eine einfache Regel, wenn man eine These formuliert, die darin besteht, dass man versucht, den Punkt zu suchen, wo sich alle einig sind, und dann das Gegenteil zu behaupten. Das möchte ich jetzt in diesem Fall, bezogen auf das Ehrenamt, tun. Es ist vorhin angeklungen, dass man die Ehrenamtlichkeit dadurch fördern solle, dass man den Leuten Ehre als Gratifikation anbietet. Ich halte diesen Ansatzpunkt für falsch, denn aus den Studien zum Ehrenamt - also nicht nur bezogen auf den Sport - lässt sich erkennen, dass diejenigen, die ehrenamtlich tätig sind, nicht Personen sind, die Ehre als Gratifikation bekommen, sondern Leute sind, die Ehre besitzen. Etwas moderner ausgedrückt - es hört sich etwas altbacken an -: Es sind Personen, die über bestimmte berufliche Positionen, ein bestimmtes Ansehen verfügen und dann in bestimmte Ämter gewählt werden. Hinzu kommt, dass diese Personen auch bereit sind, trotz Zeitknappheit diese Tätigkeiten durchzuführen. Das zeigen Erfahrungen in allen Verbänden, unabhängig vom Sport.

Wenn Sie Aktionen planen, um die Ehrenamtlichkeit aufzubauen und zu fördern, um Gottes Willen bieten Sie nicht die Ehre als Gratifikation an, sondern sagen Sie: Das sind Positionen für ehrbare Personen, ich will bei diesem altbackenen Wort bleiben, für eine wichtige gesellschaftliche Aufgabe, die eine besondere Bedeutung hat. Wenn man bereit ist, gesellschaftlich tätig zu sein, kann man das auch als ehrenamtlicher Funktionsträger im Sport. Ich glaube, darauf muss man von Anfang an sehr sorgfältig achten, denn mit Urkunden und Münzen - die gehören dazu, kein Zweifel - als alleinige Gratifikation werden Sie keine Person hinter dem Ofen hervorholen können, diese Arbeit, die damit verbunden ist, auf sich zu nehmen.

…

(In seinem Statement weist Prof. Thieß[191] darauf hin, dass die demokratische Umgestaltung sich vollzogen habe. Auch in den Vereinigungen

---

[191] Prof. Thieß war nicht nur Sportwissenschaftler sondern auch Vorsitzender des Landessportbundes Thüringen. Manfred Thieß ist vorgeworfen worden im Zusammenhang einer Fluchtvorbereitung von Jürgen May, bekannter Mittelstreckenläufer der DDR, einen anderen Sportler denunziert und dessen Universitätskarriere geknickt zu haben. Er galt als Mitglied einer Universitätsgruppe Oliver an der Universität Jena, die aus vier IM und „Patriotischen Kräften" bestand, zu der er gehörte. (FAZ, 27.11.1993). 1994 wurde er vom Rektor der Universität Jena entlassen. Sein Präsidentenamt verlor er auf Druck anschließend. (Zu genaueren Hinweisen siehe:
    http://www.cycling4fans.de/index.php?id=4777,
    http://www.dradio.de/dlf/sendungen/sport/1313324/,
    http://www.dradio.de/dlf/sendungen/sport/1275805/).

der DDR sei gewählt worden, aber man hätte nur etwas Schwierigkeiten mit der Umstellung auf den e. V. gehabt. Im weiteren Verlauf kommt er noch mal auf die Thematik Ehrenamt zurück und vertritt den Standpunkt, dass der Spitzensport nur mit einer hauptamtlichen Führung zu bewerkstelligen sei.)

...

Ich will hier keinen Streit vom Zaun brechen. Das erste, was Sie angesprochen haben, das mit den Ehrenamtstrukturen, war sicherlich ein Missverständnis. Natürlich haben Sie das aufgebaut, das habe ich nie bezweifelt.

Aber zum Hochleistungssport: Wir sind uns sicher einig, dass man im Hochleistungssport nicht dilettieren darf. Dass das nur mit Profis geht, also mit hauptamtlichen Leuten, das ist ganz klar. Aber Sie müssen in irgendeiner Form trotz allem, solange Sie auf der Vereinsebene bleiben, irgendein Gremium haben, dem der Profi verantwortlich ist. Und das ist in der Regel ein ehrenamtlicher Vorstand. Die andere Variante wäre, dass das BMI dann die Bundestrainer direkt einstellt. Das tut es ja auch halb, aber die Sachaufsicht ist beim DSB. Also das ist vielleicht auch noch ein kleines Missverständnis zwischen uns beiden. Ich gehe nicht davon aus, dass wir den Hochleistungssport auf dem Niveau, das wir in der gesamten Bundesrepublik haben, allein mit Ehrenamtlichen leiten können. Ganz sicher nicht. Aber Sie brauchen die ehrenamtliche Kontrolle. Das kann eine andere Konstruktion sein, es kann wie der Aufsichtsrat einer AG aufgebaut sein; es ist denkbar, dass die Hauptamtlichen sich alle zwei oder jedes Jahr (gegenüber der Ehrenamtlichkeit verantworten müssen, Korr. d. A.). Aber diese Verantwortlichkeit, die kriegen Sie nicht weg.

...

(Prof. Horst de Marees[192] als Teilnehmer weist in einem Beitrag darauf hin, dass er nicht glaube, dass die Hochleistungssportförderung des Bundes zurückgehe. Der Systemvergleich sei nur eine Begründung. Es seien andere möglich, wie etwa der Vorbildcharakter eines veränderten, humanen Leistungssports, der Förderung begründbar machen könnte.)

...

Also ich glaube, jetzt bin ich dran. Ich finde das sehr wichtig, was Herr Thieß gesagt hat, dass wir nicht mit Klischees arbeiten sollten. (...) Aber deswegen wollte ich einige kleine Details zu der West-Situation korrigieren. Die alten, grauhaarigen Ehrenamtlichen gibt es nicht. Das Durchschnittsalter der Ehrenamtlichen auf den Verbandsebenen bei allen nationalen Verbänden ist 50. Das ist ein Durchschnittsalter, was sich in jeder Berufsgruppe findet.

Zu der Frage der Freistellung: Es gibt natürlich Vereine wie Bayer Leverkusen, wo ein Manager aus dem Mittelmanagement für ein oder zwei Jahre bei Freistellung diese ehrenamtliche Funktion macht, weil er sonst einen Karriereknick kriegt; aber das sind Ausnahmen.

(Zuruf)

Das sind wirklich die Ausnahmen. Der ehemalige Präsident des Deutschen Schwimmverbandes, Harm Beyer,[193] brauchte nur die halbe Zahl der Fälle zu machen.

(Zuruf)

Ja, aber das bleiben Ausnahmen.

Vielleicht noch ganz kurz zu Herrn de Marees: Ich glaube schon, dass die Bundesförderung sinken wird, nicht nächstes Jahr, nicht über-

---

[192] Prof. de Marees war Direktor des Bundesinstituts für Sportwissenschaften, eine Behörde des Bundesinnenministeriums.

[193] Harm Beyer war Richter in Bremen.

nächstes Jahr; es wird sicherlich noch einiges Geld in den Hochleistungssport der neuen Bundesländer fließen und fließen müssen, denn - das ist noch gar nicht gesagt worden - bezogen auf den Hochleistungssport sind die ja etwas erfolgreicher gewesen als die Bundesrepublik.

(Zuruf)

Vielleicht noch eine Zahl zu Kultur und Sport: Wir dürfen in der föderalen Bundesrepublik natürlich nicht nur auf die 250 Millionen des Bundesinnenministers schauen. Wir haben das mal ausgerechnet - ich weiß nicht, ob das heute stimmt, die Zahlen haben vor zwei oder drei Jahren gestimmt -: Der Gesamtaufwand der alten Bundesrepublik, vor der Wiedervereinigung, belief sich auf 4,5 bis 5 Milliarden DM. Das ist doch eine andere Größenordnung, das müssen wir vielleicht auch mal in Erinnerung rufen.

...

(Aus dem Publikum kam die Frage, wenn Ehre keine Gratifikation sei, was denn als Anreiz wirken könne.)

Ich will das hier einmal als Soziologe betrachten. Sie müssen davon ausgehen, dass (viele) Personen sich einer ehrenamtlichen Tätigkeit nicht entziehen können. Es geht einfach darum, dass es bestimmte Personen gibt, die auf Grund von Erziehung - nicht schulische, sondern auf Grund ihrer persönlichen Entwicklung - bereit sind, in irgendeiner Form ehrenamtliche Tätigkeit im Sinne des Gemeinwohls als gesellschaftliche Aufgabe zu übernehmen. Die Aufgabe der Sportverbände wäre dann nur, die Leute zu suchen (und) sie an ihren Sport zu binden.

Es hat, was ich auch vorhin schon gesagt habe, sicherlich auch etwas mit Berufstätigkeit zu tun. Ich will das nicht groß ausführen. Wenn das Wort erlaubt ist: Es gibt eine bestimmte Form von Berufsethik, unser Leistungsdenken. Ich gehe davon aus - ich habe das in einer Studie nachgewiesen, zumindest theoretisch -, dass, wenn diese spezifische

Berufsethik vorhanden ist, sie auch eine Ethik haben, sich gesellschaftlich zu engagieren. Diese Leute müssen Sie finden.

4. Konzeptualisierung einer empirischen Untersuchung zum Ehrenamt[194]

4.1. Problemstellung

Eine der seltenen Monographien zum Ehrenamt beginnt mit dem Satz: „Über das Ehrenamt bzw. die Inhalte solcher Ämter wird viel geredet, einiges geschrieben, aber wenig geforscht".[195] Diese Einschätzung kann heute (1998, d. A.), zehn Jahre später, ohne Einschränkung wiederholt werden.

Zwar wurden in der Zwischenzeit verschiedene kleinere Studien vorgelegt, die sich aber immer nur mit einzelnen Bereichen von Ehrenamtlichkeit beschäftigen. Am weitesten fortgeschritten scheint dabei die Analyse der Ehrenamtlichkeit im sozialen Bereich und im Sport. Die Antwort der Bundesregierung auf die große Anfrage der Fraktion der CDU/CSU des Deutschen Bundestages (Bundestagsdrucksache 13/5674) spiegelt diesen Umstand deutlich wider.[196]

In der öffentlichen Diskussion flackerte das Thema Ehrenamt immer wieder mal auf, deutlich etwa Anfang der 80er Jahre und zuletzt 1996 durch das Ausrufen eines Tages des Ehrenamtes am 5. Dezember 1996. Gekennzeichnet ist die öffentliche wie wissenschaftliche Diskussion

---

[194] Der hier vorgestellte Text war ein Forschungsangebot: Durchführung einer repräsentativen Untersuchung zum Ehrenamt des Wissenschaftlichen Instituts der Ärzte Deutschlands in Bonn-Bad Godesberg an das Bundesministerium für Familie, Senioren, Frauen und Jugend im Juli 1998. Den Auftrag erhielt ein Mitbewerber, der inzwischen die drei Freiwilligensurveys durchgeführt hat. Der Text ist unveröffentlicht. Intitutsinterne Informationen wie Kostenplan, Arbeitsplan und Qualifikationbeschreibungen sind nicht enthalten.

[195] Winkler, J. (1988): Das Ehrenamt, S. 13.

[196] Deutscher Bundestag (1996): Antwort der Bundesregierung auf die große Anfrage der Abgeordneten Klaus Riegert u. a.: Bedeutung ehrenamtlicher Tätigkeit für unsere Gesellschaft, Deutscher Bundestag, 13. Wahlperiode, Drucksache 13/5674 vom 1.10.1996.

durch unterschiedliche Deutungen und Funktionszuschreibungen zum Ehrenamt. Dabei steht oft die Gleichung *ehrenamtliche Tätigkeit gleich unbezahlte Arbeit* im Vordergrund, die dann bis zur Entlastung staatlicher Haushalte weiterentwickelt wird. Betrachtet man alle Facetten dieser Diskussionen, kann die vielschichtige Bedeutung des Ehrenamtes wie folgt umrissen werden:

Ehrenamtliche Tätigkeit scheint für einen großen Teil von Individuen einen gewichtigen Faktor in ihrem gesellschaftlichen Handeln darzustellen.

Ehrenamtlicher Tätigkeit kommt für eine Vielzahl von Organisationen und Institutionen eine zentrale Bedeutung als Ressource zu.

Ehrenamtliche Tätigkeit gewinnt als spezifische Form gesellschaftlicher Beteiligung ein über die individuelle und organisatorische Ebene hinausgehendes Gewicht für die Entwicklung und Ausgestaltung der modernen differenzierten Gesellschaft.

Ein weiteres Kennzeichen der öffentlichen wie wissenschaftlichen Diskussion ist die relative Unkenntnis über die Gesamtsituation ehrenamtlicher Tätigkeit quantitativer wie qualitativer Art sowie deren analytische Deutungen. Dies führt zu einem oft normativen Charakter von Aussagen, zu Spekulationen und Mutmaßungen. In diesem Zusammenhang ist es von großer Bedeutung, dass die Durchführung einer repräsentativen Untersuchung zum Ehrenamt ausgeschrieben wird und die Möglichkeit bietet, die Unschärfen in der öffentlichen wie wissenschaftlichen Diskussion zu beseitigen.

4.2. Ehrenamtliche Tätigkeit

Zur Begründung des weiter unten vorgestellten Untersuchungsplans sind einige Erläuterungen zur Definition des Ehrenamtes bzw. ehrenamtlicher Tätigkeit, zu den Bereichen ehrenamtlicher Tätigkeit und zu den konzeptionellen Grundlagen zum Ehrenamt erforderlich.

4.2.1. Definition des Ehrenamtes

Der Bedeutungsinhalt für die Begrifflichkeiten Ehrenamt, Ehrenamtlichkeit oder ehrenamtliche Tätigkeit ist im Gebrauch des Begriffs nicht eindeutig und uneinheitlich. Als Ausgangspunkt für eine Definition ist historisch und sprachgeschichtlich das öffentliche Ehrenamt zu nehmen. Damit war die Übernahme öffentlicher Ämter gemeint, deren Tätigkeit nicht besoldet und von Personen ausgeübt wurde, die über soziale Ehre verfügten. Als Kriterien, die auch auf das Ehrenamt generell Anwendung finden sollten, wird die Ausdifferenzierung in einem Organisationsgefüge, die unbesoldete Ausführung des Ehrenamtes, die Rekrutierung durch Wahl oder Ernennung und der öffentliche Charakter ehrenamtlicher Tätigkeit herauszustellen sein. Als latente Dimension, die bei einer Analyse zu berücksichtigen ist, sind die Bedingungen sozialer Selektivität zu behandeln.

Setzt man alle behandelten Elemente zusammen, kann das Ehrenamt wie folgt umrissen werden:

- Das Ehrenamt soll heißen eine innerhalb einer Organisation funktional ausdifferenzierte *Position*, im horizontalen (mit spezifischen Aufgaben verbunden) und im vertikalen (auf verschiedenen Stufen der Delegation angesiedelt) Sinne,

- die von Personen ausgeübt wird, die diese Tätigkeit neben oder nach ihrer Berufstätigkeit und unbesoldet ausüben (etwaige - auch erhebliche - Geldzahlungen dienen nicht (primär) zur Bestreitung des Lebensunterhalts),

- die in diese Position durch eine jeweils gegebene Personengruppe gewählt werden bzw. von einer diese Gruppe repräsentierenden Institution ernannt werden,

- und deren Tätigkeit qua Zweck der Organisation oder qua Ziel der Organisation zur Erreichung dieser Zwecke auch im Bereich der Öffentlichkeit stattfindet oder auf sie bezogen ist oder zumindest öffentliche Funktionen erfüllt.

Diese Definition geht über den allgemeinen Sprachgebrauch hinaus, in dem häufig ehrenamtliche Tätigkeit synonym zu unbezahlter Arbeit benutzt wird. Eine solche eindimensionale Definition reicht allerdings nicht aus, denn dann wäre etwa Nachbarschaftshilfe, Verwandtschaftshilfe, d. h. Hilfe im Feld persönlicher Netzwerke, oder die Tätigkeit von Hausfrauen als „unbezahlte" Arbeit ehrenamtliche Tätigkeit. Einen besonderen Stellenwert besitzen soziale Dienstleistungen. Häufig wird freiwillige, unbezahlte Arbeit entweder zur Hilfe anderer (sozialer Hilfe) oder zur eigenen Hilfe (Selbsthilfe) als „ehrenamtliche" Arbeit bezeichnet. Dies ist aber im Sinne der Definition nur richtig, wenn sie in organisatorischen Gefügen stattfindet. Eine organisatorische bzw. institutionelle Einbindung bleibt so Abgrenzungskriterium für ehrenamtliche Tätigkeit.

Dies verweist auf einen weiteren Umstand. Ehrenamtliche Funktionsträger wie ehrenamtliche Dienstleister sind für eine Vielzahl von Organisationen bzw. Institutionen von funktionaler Bedeutung. Sie sind eine der Ressourcen von Organisationen (häufig die zentrale) und sichern zum einen die Arbeitsleistung und bringen zum anderen zusätzlich mittelbar weitere Ressourcen in die Organisationen ein. Hier knüpft die Zuschreibung der besonderen Bedeutung ehrenamtlicher Tätigkeit an, da diese dadurch mehr ist als ein „privates Vergnügen".

Durch die Einbindung ehrenamtlicher Tätigkeit in organisatorische Gefüge ergibt sich eine weitere bedeutsame Relation. Einrichtungen, die mit ehrenamtlichen Funktionen verknüpft sind, verfügen in der Regel über Kontakte zu für sie wichtigen, anderen gesellschaftlichen Bereichen. Ehrenamtliche Funktionsträger sind als Repräsentanten ihrer Einrichtungen ein zentrales Relais zu diesen anderen gesellschaftlichen Bereichen. Dies wird noch verstärkt durch den Umstand, dass ehrenamtliche Tätigkeit per se nur eine partielle Bindung an eine Einrichtung beinhaltet und weitere Einbindungen vor allem im Berufssystem bestehen. Diese Verflechtungen machen die gesellschaftliche Bedeutung ehrenamtlicher Tätigkeit aus, da sie in das intermediäre Geflecht unserer differenzierten Gesellschaft eingebunden ist.

4.2.2. Bereiche ehrenamtlicher Tätigkeit

Das ehrenamtliche Element findet eine Einbindung in einer Vielzahl von gesellschaftlichen Bereichen. Dies betrifft vor allem Organisationen unterschiedlichsten Charakters, die generell auf zwei strukturellen Grundmustern aufgebaut sind. Man kann dabei unterscheiden zwischen dem demokratisch-kollegialen (oder genossenschaftlichen) und dem hierarchisch-monokratischen Grundmodell.

Ersteres Grundmuster besteht idealtypisch in allen freiwilligen Vereinigungen, letzteres idealtypisch in Arbeitsorganisationen (Betrieben und Verwaltungen). In freiwilligen Vereinigungen ist das ehrenamtliche Element konstitutiv, in Arbeitsorganisationen ist es unter Gesichtspunkten der sozialen und politischen Partizipation mit eingebaut. Unter diesem Aspekt lässt sich das ehrenamtliche Element in folgenden Bereichen entdecken:

- Organisationen mit überwiegend ehrenamtlichem Element [demokratisch-kollegiales Grundmodell, Vereinigungen (Vereine, Verbände)]:

  - Gewerkschaften,

  - Berufsverbände,

  - Vereinigungen zur Vertretung gemeinsamer wirtschaftlicher Interessen (z. B. Industrie- oder Unternehmensverband, Einzelhandelsverband, Bauernverband),

  - Gesangsvereine,

- Sportvereine,

- sonstige Hobbyvereinigungen,

- Heimat- und Bürgervereine (z. B. Schützenvereine),

- sonstige gesellige Vereinigungen (z. B. Kegelklubs),

- Vertriebenen- oder Flüchtlingsverbände,

- Wohlfahrtsverbände/Kriegsopferverbände,

- Jugendorganisationen/Studentenverbände,

- Bürgerinitiativen,

- kirchliche/religiöse Vereine, Verbände,

- politische Parteien,

- andere Vereinigungen und Verbände;

- Organisationen mit überwiegend berufsbezogener Orientierung (Ehrenämter als Ergänzung, Kontrollgremien etc.):

  - Kirchen (Gemeindevorstände),

  - Gerichte (Schöffen, ehrenamtliche Richter),

  - öffentliche Körperschaften (Sozialversicherungen, etc.),

  - Kammern (Industrie, Handel, Ärzte etc.),

  - Unternehmen (Betriebs- und Personalräte),

  - Kommunen (Ratsmitglieder, Wahlhelfer),

  - Schulen (Elternsprecher, Schülermitverwaltung).

4.2.3. Konzeptionelle Grundlagen zum Ehrenamt

Aus den in Abschnitt 4.2.1. und 4.2.2. beschriebenen Abgrenzungen ehrenamtlicher Tätigkeit, deren mehrschichtiger Bedeutsamkeit auf individueller, organisatorischer und gesellschaftlicher Ebene und den Bereichen ehrenamtlicher Tätigkeit ergibt sich das zu bearbeitende

Feld einer systematischen und übergreifenden Erfassung der Ehren-amtlichkeit in der Bundesrepublik Deutschland. Dadurch kann das „Sichtbare" der Ehrenamtlichkeit verdeutlicht werden. Aber die dahinterliegenden Motivationen, ehrenamtlich tätig zu sein, bedürfen noch einiger weiterer Anmerkungen.

Benennt man ausgehend von der oben gesetzten Definition das Inne-haben von Ehrenämtern und das Erbringen sozialer Dienstleistungen im Rahmen organisatorischer Einbindungen als ehrenamtliche Tätig-keit, so kann ehrenamtliche Tätigkeit das Ausüben von Ämtern und das Gewähren von Hilfe bedeuten. Die Motive hinter beiden „Arten" von Tätigkeiten weisen im Kern einen unterschiedlichen Stellenwert auf. Dies ist bei der Erfassung der Motivation zu berücksichtigen.

Als Grundlage, ein Amt auszuüben, kann das Bedürfnis nach gesell-schaftlicher Verantwortung, als Grundlage, Hilfe zu leisten, der Ge-danke der Nächstenliebe und der Selbsthilfe betrachtet werden, wobei sich beides in der Motivation bündeln kann. Graphisch ließe sich dies wie folgt darstellen:

Abbildung 1:   Grundlagen der Amtsausübung

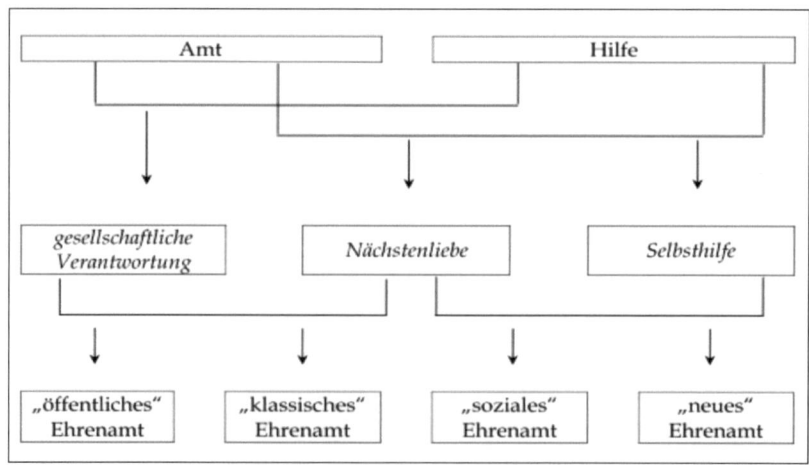

Quelle: Eigene Darstellung.

Aus der jeweiligen Motivationsgrundlage bzw. ihrer jeweiligen Bündelung ergeben sich spezifische Formen des Ehrenamts:

- das „öffentliche" Ehrenamt als Ausübung hoheitlicher, öffentlicher Ämter,

- das „klassische" Ehrenamt als Ausübung von Funktionen in Organisationen,

- das „soziale" Ehrenamt als Ausübung von sozialen Dienstleistungen in Wohlfahrtsorganisationen,

- das „neue" Ehrenamt als Ausübung von Tätigkeiten in neuen Organisationsformen gesellschaftlicher Partizipation und Selbsthilfe.

Die in den Abschnitten 4.2.1., 4.2.2. und 4.2.3. entwickelten analytischen Grundlagen der Ehrenamtlichkeit kennzeichnen die Dimensionen, die bei der empirischen Erfassung der Ehrenamtlichkeit im Untersuchungsplan zu berücksichtigen und zu operationalisieren sind.

4.3. Untersuchungsplan und methodische Umsetzung

4.3.1. Untersuchungsschritte

Die Erfassung des Umfangs, der Art, der Struktur, der Bedingungen und der Motivation ehrenamtlicher Tätigkeit verlangt ein mehrschichtiges Vorgehen. Dies ist erforderlich, da die Beantwortung der Forschungsfragen nicht durch *eine* repräsentative Umfrage alleine zu bewerkstelligen ist. Aus diesen Gründen wird folgender Untersuchungsplan umzusetzen sein:

- repräsentative Bevölkerungsumfrage zur Bestimmung von Verbreitung und Art ehrenamtlicher Tätigkeit sowie den Beweggründen, ehrenamtlich tätig zu sein, tätig zu werden oder nicht (mehr) tätig zu sein;

- Befragung von Inhabern von Ehrenämtern zur Bestimmung des Umfangs und der Rahmenbedingungen ehrenamtlicher Tätigkeit;

- Tiefeninterviews mit ausgewählten ehrenamtlichen Funktionsträgern zur Bestimmung der Motivation, des Anstoßes zu ehrenamtlichen Tätigkeit und der organisatorischen Einbindung und strukturellen Ausgestaltung (individuelle Sichtweise);

- Organisationsbefragung ausgewählter Organisationen und Institutionen zur Bestimmung der organisatorischen Einbindung, der Rahmenbedingungen und der strukturellen Bedingungen (Organisations-Sichtweise).

4.3.1.1. Bevölkerungsumfrage zur Ehrenamtlichkeit (ab 14 Jahre)

Um das generelle Defizit des Fehlens einer alle Bereiche der Ehrenamtlichkeit umfassenden repräsentativen und systematischen Erhebung zu beheben, ist eine repräsentative Bevölkerungsumfrage unerlässlich. Diese Defizite beziehen sich (1) nicht nur auf das Fehlen repräsentativer Aussagen zur Ehrenamtlichkeit, sondern (2) auch auf das Fehlen umfassender Erhebungsinstrumente, d. h. umfassender Fragebatterien zu den oben beschriebenen Bereichen ehrenamtlicher Tätigkeit.

Bezüglich (1) ist eine bundesweite, repräsentative Befragung der Bevölkerung ab 14 Jahren vorgesehen.

Bezüglich (2) ist eine Operationalisierung folgender Fragekomplexe erforderlich:

- Fragen nach Mitgliedschaft in Vereinen und Organisationen,

- nach Aktivitäten in diesen,

- nach Besetzung von Ämtern/Positionen in diesen,

- Fragen nach Besetzung öffentlicher Ämter (z. B. Wahlhelfer, ehrenamtliche Richter, Mandate, Kirchenämter),

- Fragen nach sonstigen Ämtern (z. B. Sozialversicherungen, Personal- und Betriebsräte),

- Fragen nach Beweggründen und Anstoß zur ehrenamtlichen Tätigkeit,

- Fragen nach der Bereitschaft zu ehrenamtlicher Tätigkeit,

- Fragen nach Gründen, nicht (mehr) ehrenamtlich tätig zu sein,

- Standarddemographie mit modifizierten Regionsvariablen (Sozialprofil: berufliche Stellung, Ausbildung, Einkommen, Familiensituation etc.).

Die Standardstichprobe von n = 3.000 wird aufgrund der Absenkung der Altersgrenze auf 14 Jahre um 250 Personen aufgestockt (s. ausführlicher Abschnitt 4.3.2.). Die dadurch erfassten Daten erlauben Aussagen:

- zur Verbreitung ehrenamtlicher Tätigkeit,

- zur Art des ehrenamtlichen Engagements und

- zu den Beweggründen für ehrenamtliche Tätigkeit.

4.3.1.2.   Befragung von Inhabern von Ehrenämtern

Während man mit einer Bevölkerungsstichprobe in der Lage ist, Auskunft über Verbreitung, Art und Beweggründe zu erhalten, ist für die Beantwortung der weiteren Forschungsfragen, die sich auf die ehrenamtliche Tätigkeit selbst beziehen, eine eigenständige Stichprobe von tatsächlich ehrenamtlich tätigen Personen notwendig.

Es ist davon auszugehen, dass zwischen 12 und 17% der Befragten aus der Bevölkerungsstichprobe ein Ehrenamt innehaben; dies würde eine absolute Zahl von etwa 500 Personen bedeuten. Dies wäre eine ausreichende Zahl für tiefer gehende Analysen.

Zur Rekrutierung der Ehrenamtsstichprobe wird folgender Weg vorgeschlagen: Stellt sich bei Befragten heraus, dass sie ehrenamtlich tätig sind, d. h. ein Amt innehaben oder eine Funktion in Organisationen oder Institutionen ausüben, werden sie gebeten, für eine weitere Befragung zur Verfügung zu stehen. Es ist zu erwarten, dass Personen die ehrenamtlich tätig sind und die somit ein hohes gesellschaftliches Engagement zeigen, tendenziell auch eher bereit sind, sich für eine weitere Befragung zur Verfügung zu stellen. Die Probanden dieser Teilstichprobe erhalten bei der Bevölkerungsbefragung einen schriftlichen Fragebogen, der postalisch an das Antragsinstitut zurückläuft.

Inhaltlich soll in der Ehrenamtsstichprobe erfasst werden, wie Personen in Ehrenämter gelangen, welche Ehrenämter sie durchlaufen oder akkumulieren, welche Bedingungen die Amtsausübung prägen, welche Ressourcen zur Verfügung stehen oder eingebracht werden und wie sich der Austausch mit anderen Organisationen bzw. Institutionen darstellt. Somit müssen Fragen zu den folgenden Dimensionen operationalisiert werden:

- Motivation,

- Rekrutierungsmodi,

- Karriereverläufe (Ämterkarriere),

- Ämterinventar (Ämterhäufung),

- Bedingungen der Amtsausübung,

- Ressourcen (auch selbst eingebrachte),

- zeitliche Belastung (Dauer, Häufigkeit),

- Amtsmobilität,

- Kontakte zu relevanten Umwelten.

Die Erfassung dieser Dimensionen ermöglicht die Beantwortung der Fragen

- zum Umfang ehrenamtlicher Tätigkeit sowie

- zu den Rahmenbedingungen ehrenamtlicher Tätigkeit.

4.3.1.3. Tiefeninterviews

Als weiterer Baustein des Untersuchungsplans sind Tiefeninterviews mit ausgewählten ehrenamtlichen Funktionsträgern bzw. ehrenamtlichen Dienstleistern vorgesehen. Die Stichprobe sollte dabei 30-40 Personen umfassen.

Dieser weitere Forschungsschritt ist notwendig, um Fragen zu erhellen, die in standardisierter Form in der Regel nicht zu erfassen sind. Dies betrifft die tiefer gehende Erfassung der Motivation, der Beweggründe und des Anstoßes für ehrenamtliche Tätigkeit, die individuelle Bevorzugung spezifischer ehrenamtlicher Tätigkeit, die privaten Rahmenbedingungen ehrenamtlicher Tätigkeit, die Fragen der immateriellen Anerkennungen ehrenamtlicher Tätigkeit, die organisatorische Einbindung, das Verhältnis zur Hauptamtlichkeit.

4.3.1.4. Organisationsbefragung

Für die Dimensionen der

- organisatorischen Einbindung,
- Rahmenbedingungen sowie
- Ehren- und Hauptamtlichkeit

ist neben der Sichtweise der ehrenamtlichen Funktionsträger selbst auch die Erfassung der Sichtweise der Organisationen notwendig, für welche die ehrenamtlichen Funktionsträger eine zentrale Ressource darstellen.

Die organisatorische Sichtweise lässt sich am ehesten durch die Befragung von Verbandsvertretern erfassen, die nicht ehrenamtlich in diesen Organisationen und Institutionen tätig sind, sondern hauptamtlich. Die Organisationsbefragung soll bei 10-20 auszuwählenden spezifischen Organisationen mit hauptamtlichen Kräften erfolgen und nach lokalen, regionalen und überregionalen Einzugsbereichen geschichtet werden.

4.3.2.   Methodische Umsetzung

Die methodische bzw. erhebungstechnische Umsetzung der zuvor beschriebenen Untersuchungsschritte ist in folgender Weise vorgesehen:

Die repräsentative Bevölkerungsumfrage erfolgt im Rahmen ... n = 3.000 (West/Ost). Aufgrund der Altersgrenze ab 14 Jahren erfolgt eine Aufstockung auf n = 3.250 ....

Die Erhebung erfolgt durch mündliche Interviews, wobei der Fragenteil zur Ehrenamtlichkeit ca. 20 Minuten in Anspruch nehmen wird. Teile der Fragebatterien sind bereits entwickelt und getestet.

Die Befragung von Inhabern von Ehrenämtern erfolgt als schriftlicher Zusatzbogen im Anschluss an den Gesamtbus (zeitversetzt postalisch). Die Stichprobengröße beträgt ca. 500 Befragte.

Als Grundlage dient ein bereits eingesetzter und zu modifizierender Fragebogen für ehrenamtliche Funktionsträger.

Die Tiefeninterviews und die Organisationsbefragung erfolgen durch mündliche Interviews mit Hilfe von Interviewleitfäden (Auswahlgröße 30–40 bzw. 10–20).

5. Diskussionen zum Ehrenamt

5.1. Über die Motive von Ehrenamtlichen - Ein Interview[197]

1. Was bringt Menschen dazu, ein Ehrenamt zu übernehmen, was sind die Motive dafür?

Die spontane Antwort vieler Ehrenamtlicher wird sein: weil es Spaß macht. Die zweite, weil sie gebeten oder überredet worden sind. Es gibt eine Vielzahl von Motiven: Man will gestalten, man will helfen, man will kommunizieren oder man will seinen gesellschaftlichen Pflichten nachkommen.

2. Warum arbeiten Menschen überhaupt freiwillig und ohne Geld dafür zu bekommen?

Die freiwillige Tätigkeit erzeugt Zufriedenheit, etwas für sich und andere getan zu haben. Sie bietet häufig auch öffentliche Anerkennung. Schaut man soziologisch hinter die Kulissen, verfügen die Ehrenamtlichen über ein Ethos gesellschaftlicher Partizipation. Es entspricht ihrem Naturell, ehrenamtlich tätig zu sein.

3. Ist die Übernahme eines Ehrenamtes ein Ausdruck für einen bestimmten Lebensstil?

Ja natürlich, sie ist Teil der eigenen Lebensführung. Ist man beruflich aktiv, ist man es auch im gesellschaftlich-öffentlichen sowie im freundschaftlichen und familiären Bereich. Es ist kein Zufall, dass Personen, die hoch leistungsorientiert im Beruf sind, dies auch in den anderen Lebensbereichen sind.

---

[197] Dieses von Sibylle Haas durchgeführte Interview erschien unter dem Titel: „Jugendliche sind sehr aktiv. Soziologe Joachim Winkler über Motive von Ehrenamtlichen" in der Süddeutschen Zeitung Nr. 105 vom 8. Mai 2009, S. 23 im Wirtschaftsteil.

4. Was charakterisiert Menschen, die sich bürgerschaftlich einsetzen?

Diese Menschen haben eine starke Leistungsorientierung, die auf ihrem Berufsethos basiert und auch im gesellschaftlichen Bereich wirkt. Hier finden wir eine enge Verknüpfung von Berufstätigkeit und Ehrenamt. Ehrenamtliche sind überwiegend berufstätig. Verliert man die Berufstätigkeit, lässt auch das ehrenamtliche Engagement nach.[198]

5. Es gibt also einen Zusammenhang zwischen bürgerschaftlichem Einsatz und sozialem Status?

Eindeutig ja. Je erfolgreicher Menschen im Beruf sind, um so eher sind sie bereit, sich bürgerschaftlich einzusetzen und umso höher sind auch die ehrenamtlichen Positionen, die sie besetzen. Ehrenamtliche werden rekrutiert, weil sie über Ehre, heute würde man sagen Prestige, und Ressourcen verfügen. Ehre ist kein Gratifikationsersatz, und die Ehrenamtlichen sind keine Personen, die Misserfolge in Beruf oder Familie im bürgerschaftlichen Engagement kompensieren müssen.

6. Wer ist aktiver im Ehrenamt, Frauen oder Männer?

Der Anteil der Frauen ist kleiner als der der Männer. Allerdings gilt dies nur in der Summe. Frauen und Männer unterscheiden sich auch nach den Tätigkeiten. Hier spiegelt sich, nimmt man mal den Sport heraus, die uns allen bekannte Aufgabenteilung zwischen Frauen und Männern: Frauen engagieren sich in sozialen und Männer in außerfamiliären und politischen Bereichen. Eine Erklärung für den geringeren Anteil ließe sich leicht geben: Der Grad der Berufstätigkeit ist bei Frau-

---

[198] Nicht veröffentlichte Ergänzung: In einer berühmten ersten Studie zur Arbeitslosigkeit aus den 30er Jahren des zwanzigsten Jahrhundert zeigte sich, dass die Arbeitslosen die Vereine verlassen mit einer Ausnahme, dem Verein „Die Flamme", der die Feuerbestattung propagiert. Das war damals billiger. (Mit der Studie gemeint ist: Jahoda, M./Lazersfeld, P. F./Zeisel, H. (1975): Die Arbeitslosen von Marienthal.

en zumindest in den alten Bundesländern geringer und spiegelt sich so im Engagement.

7. In den achtziger Jahren war es für junge Menschen normal, sich ehrenamtlich in Vereinen, Verbänden oder Kirchen einzubringen. Heute gilt das oft als uncool. Ist die heutige Jugend egoistischer?

Nein, denn der Anteil Jugendlicher ist nicht kleiner geworden. Er ist fast so hoch wie in der Bevölkerung insgesamt und sogar höher als bei den Rentnern. Die Jugendlichen haben zwar weniger Wahlämter und Leitungsfunktionen, aber sie folgen den traditionellen Aktivitätsmustern.[199]

8. Hat sich in den vergangenen 20 Jahren der gesellschaftliche Stellenwert ehrenamtlicher Tätigkeiten geändert?

Quantitativ hat sich wenig geändert, auch wenn ständig darüber geklagt wird, die Bereitschaft lasse nach.[200] In der öffentlichen Diskussion hingegen hat sich die Beschäftigung mit der Bedeutung des Ehrenamtes deutlich verstärkt und firmiert unter dem Begriff des bürgerschaftlichen Engagements.

9. Ist Freiwilligenarbeit angesichts leerer Staatskassen gerade im sozialen Bereich wichtiger geworden?

Freiwilligenarbeit war immer wichtig, da die Aufgaben ohne diese gar nicht zu bewerkstelligen sind. Dies wird auch trotz steigender Professionalisierung so bleiben. Dass in Zeiten knapper werdender öffentlicher Haushaltsmittel nach mehr Freiwilligenarbeit gerufen wird ist nicht neu. Bereits mit Entstehung des öffentlichen Ehrenamtes zu Beginn des 19. Jahrhunderts in Preußen wurden staatliche Aufgaben in

---

[199] Nicht veröffentlichte Ergänzung: Sie wachsen in Aufgabengebiete hinein, erobern sich Gestaltungsspielräume und werden das zukünftige Rekrutierungspotential sein.

[200] Nicht veröffentlichte Ergänzung: Auf die Bitte allerdings, unbesetzte Ehrenämter zu benennen, erhält man in der Regel keine Antwort.

die ehrenamtliche Selbstverwaltung der Städte gegeben. Aber man muss bedenken, dass der Prozess professioneller Erledigung heute nicht zurückgedreht werden kann. Die Pflegeversicherung zum Beispiel hatte ursprünglich das politische Ziel, die Pflege in der Familie zu halten und hat ein bedeutendes Berufs- und Erwerbsfeld geschaffen.

Die folgenden beiden Fragen und Antworten wurden nicht veröffentlicht. Sie waren die beiden letzten Fragen des Interviews und sind wohl des Platzes wegen gestrichen worden.

> 10. *Der Sozialstaat steht vor neuen Herausforderungen. Es geht nicht mehr allein um Wohltätigkeit, sondern um gegenseitige Hilfe im Alltag. Wie beurteilen Sie diese Entwicklung?*

Ich habe keine Sorge, dass sich Menschen gegenseitig helfen, wenn es notwendig wird, oder Hilfsangebote entwickeln. Betrachten Sie nur die kontinuierliche Entstehung und Entwicklung der Selbsthilfegruppen. Trotz der Dominanz eines Weltbildes des seinen Nutzen maximierenden Egoisten hat sich das Ehrenamt nicht zurückentwickelt und überlebt. Der Mensch ist und bleibt ein soziales Wesen und entwickelt immer wieder Vorstellungen von Gerechtigkeit und Fairness.

> 11. *Wie wichtig ist ehrenamtlicher Einsatz grundsätzlich für eine Gesellschaft?*

Ehrenamtliche Tätigkeit ist in unserer Gesellschaft nicht wegzudenken. Sie bietet für viele Menschen ein individuelles Feld sozialen Handelns, für die Organisationen des Dritten Sektors sind diese Menschen zentrale Ressourcen, um ihre Aufgaben zu erledigen und sie bleibt ein wichtiges Mittel der Entwicklung und Ausgestaltung moderner, differenzierter Gesellschaften. Die Formen, ehrenamtliche Tätigkeiten auszugestalten, werden sich dabei ändern und sich nicht an dem Bild des „Parteibonzen" und des „Vereinsmeiers" orientieren.

5.2. Bonus für bürgerschaftliches Engagement[201]

Michael Roehl: Sie soll Ausdruck der Wertschätzung für einen großen ehrenamtlichen Einsatz sein. Gemeint ist die so genannte Ehrenamtskarte, die in immer mehr Bundesländern eingeführt wird, eine Art Dankeschön mit unterschiedlichen Prämien für ein besonderes Engagement und eine Art gesellschaftlicher Anerkennung für eine Arbeit, die an ganz vielen Stellen nicht mehr wegzudenken ist.

Wir wollen heute Morgen das Ehrenamt, das bürgerschaftliche Engagement in den Mittelpunkt unserer Sendung „Länderzeit" stellen. Welche Erfahrungen machen Städte mit der Ehrenamtskarte? Ist sie tatsächlich Anreiz für mehr freiwilliges Engagement und wie entscheidend ist der ehrenamtliche Einsatz heute? Hat er an Bedeutung zugenommen, etwa Angesichts vieler leerer Kassen?

Rufen Sie uns gerne kostenfrei an oder schreiben Sie uns von ihren Erfahrungen mit dem Ehrenamt. Gibt es aus Ihrer Sicht genug Anlaufstellen vor Ort, um als Freiwilliger sein ganz persönliches Einsatzfeld zu finden? Was motiviert Sie, was motiviert viele Menschen in allen Altersstufen sich bürgerschaftlich zu engagieren

…

M.R.: Professor Winkler, wie wichtig ist denn (wir haben ja jetzt auch Beispiele gehört) dieses Ritual der Anerkennung, diese Kultur der Anerkennung?

---

[201] Ausschnitte aus einer Life-Radiosendung: Journal am Vormittag – Länderzeit: Bonus für bürgerschaftliches Engagement, im Deutschlandfunk am 27.10.2010 von 10.10 – 11.30. Die Sendung moderierte Michael Roehl. Gäste (im Studio oder zugeschaltet) waren Stefan Grütner, Sozialminister des Landes Hessen, Thomas Kegel, Projektleiter an der Akademie für Ehrenamtlichkeit in Deutschland (Berlin), Katrin Arndt, Ehrenamtskoordinatorin der Stadt Leverkusen und Professor Winkler, Soziologe an der Hochschule Wismar. Zuhörer waren aufgefordert, sich aktiv an der Sendung, telefonisch oder per E-Mail, zu beteiligen; abrufbar unter: http://ondemand-mp3.dradio.de/file/dradio/2010/10/27/dlf_20101027_1010_e4a989fd.mp3.

J.W.: Ich halte das für sehr wichtig. Ich finde auch den Weg, der hier eingeschlagen wird in Hessen und in Leverkusen, in Nordrhein-Westfalen auch für den richtigen Weg. Aber ich glaube, man muss die Zielrichtung etwas deutlicher machen. Im Grunde brauchen die Ehrenamtlichen keinen Gratifikationsersatz. Das brauchen die nicht, die machen das aus Spaß und aus Freude, haben Genugtuung davon. Das Wichtige bei diesen Ritualisierungen, bei der Vergabe von Ehrenamtskarten ist, dass das eigentlich auf die Öffentlichkeit gezielt ist. Das ist wichtig: Die Öffentlichkeit soll merken, dass das was Wertvolles ist, was dort gemacht wird, dass also die Ehrenamtlichkeit als Wert besser eingeschätzt wird. Wenn man so in die Historie der Diskussion schaut, kennen sie alle die negativen Begriffe zur Ehrenamtlichkeit: der Vereinsbonze oder der Gewerkschaftsbonze, der Vereinsmeier, der Parteibonze, der Funktionär. Dies sind alles eher negativ belegte Begriffe und davon müssen wir eigentlich weg.

M.R.: Nun haben Sie ja eben die Öffentlichkeit angesprochen, also es ist auch ein Signal nach außen. Aber wir haben eben auch gemerkt (sowohl bei Herrn Grütner und bei Frau Arndt) es ist natürlich auch ein Signal nach innen, insofern, dass sich viele Menschen schon wünschen, dass man das, was man da freiwillig Woche für Woche tut, doch in irgend einer Form auch Anerkennung findet.

J.W.: Ja, man fühlt sich dann schlichtweg wohl. Wenn man merkt die Arbeit wird anerkannt, man hat etwas für andere getan, dann fühlt man sich wohl. Vielleicht ein kleiner Ausflug in die Neurowissenschaften, die haben ja inzwischen entdeckt, woran das liegt. Die wissen, dass solidarisches Verhalten ähnliche Gehirnregionen positiv beeinflusst, die beim Schokoladeessen aktiv sind und des Weiteren auch beim Sex aktiv sind (das muss ganz offen mal gesagt werden). Es sind dieselben Gehirnregionen, die Wohlwollen erzeugen und wenn man anerkannt wird, die Arbeit anerkannt wird, dann hat man Gefühle des Wohlseins. Das ist das was nach innen bei den Ehrenamtlichen wirkt.

…

M.R.: Nun ging es vor den Nachrichten[202] sehr stark um die Frage, ob vielleicht auch das Ehrenamt Bereiche auch heute ausfüllen muss, die eigentlich von Seiten der Städte, von Seiten auch der Bundesländer auch erfüllt werden müssten. Herr Professor Winkler, wie schätzen Sie es ein?

J.W.: Also ich glaube erst einmal, dass beide Bereiche, der hauptamtliche, der professionelle Bereich und der ehrenamtliche Bereich gleichzeitig aktiv sein sollen in diesen Metiers. Aber ich würde davor warnen zu glauben, Dinge, die professionell bisher getätigt worden sind, in ehrenamtliche Obhut zu geben. Ich halte das eigentlich für gefährlich, weil der Trend eigentlich dahin geht, dass viele Dinge professionell gemacht werden müssen, d. h. nicht weil die Hauptamtlichen besser sind, sondern weil sie sich „rund um die Uhr", sage ich mal, mit der gesamten Arbeitszeit sich um solche Dinge kümmern können.

Vielleicht ein Beispiel: die Pflege (Herr Grütner wird mir das wahrscheinlich bestätigen). Der ursprüngliche Wunsch des Gesetzgebers war bei der Pflegeversicherung, dass mehr Familienmitglieder die Pflege übernehmen. Das war die ursprüngliche Absicht. Aber wenn man sich das heute anschaut, sieht man, dass dadurch ein neues Berufsfeld entstanden ist, die Pflege, die ambulante Pflege vor allen Dingen. Und man kann sich die Pflegesituation in Deutschland ohne ambulante Pflege, ohne professionelle Pflege gar nicht mehr vorstellen. Da würde ich ein bisschen warnen: Es geht nicht alles, es gibt Grenzen, wo Professionalität vor allem im sozialen Bereich von Nöten ist.

…

---

202 Während der Sendung wurden halbstündlich aktuelle Nachrichten verlesen.

M.S.: Vielleicht Professor Winkler ist das der beste Zeitpunkt sich mal das soziale, das ehrenamtliche Engagement genauer anzuschauen. Wir haben eben schon von Herrn Kegel gehört: Rund jeder Dritte engagiert sich in Deutschland ehrenamtlich. Wir haben auch gehört, Sportvereine sind immer noch führend. Was sagen die Zahlen?

J.W.: Es ist tatsächlich so, dass etwa ein Drittel ehrenamtlich tätig ist. Wobei man dazu sagen muss, es sind Personen, die langfristige Aufgaben und Funktionen übernehmen. Wenn man generell das Engagement nimmt, ist der Prozentsatz noch höher. Das muss man sagen. Das Zweite ist: Der größte Bereich bleibt und ist der Sport, ein ähnlich großer Bereich sind Geselligkeitsfragen (Kultur und Freizeit) und der soziale Bereich kommt relativ spät erst. Das ist eine Vielfalt, die man jetzt gar nicht aufzählen kann. Vielleicht dann noch zwei weitere Fakten. Die ehrenamtliche Tätigkeit ist bei Männern höher als bei Frauen.

M.R.: Gibt es dafür Gründe?

J.W.: Ja, das ist im Kern, im Hintergrund diese alte Rollenteilung zwischen Mann und Frau, die ja immer noch ein bisschen zum Tragen kommt, immer noch eine kleine Rolle spielt. Ich habe vielleicht noch eine andere These, darüber haben wir noch nicht gesprochen. Berufstätige sind überdurchschnittlich oft ehrenamtlich tätig. Herr Grütner hatte das vorhin kurz angedeutet. D. h., die Leute, die auch erfolgreich im Beruf sind, ein bestimmtes Leistungsethos, eine Leistungsorientierung haben, tragen das in die Öffentlichkeit, in die Gesellschaft hinein und sind auch in der Freizeit, sprich im Ehrenamt dann tätig. D. h., es gibt also gerade in den Altersgruppen, wo die Berufstätigkeit recht hoch ist, auch die höchsten Anteile.

M.R.: Wir haben im Laufe der Sendung auch schon mal von Jugendlichen gesprochen, die sich möglicherweise nicht so langfristig binden sondern eher projektbezogen sich engagieren. Welche Altersgruppen tragen denn in der Hauptsache die Ehrenamtlichkeit in Deutschland?

Sie haben eben gesagt, es sind viele Berufstätige. Man könnte jetzt zunächst mal sagen, es sind auch viele Ältere, die dann, wenn sie aus dem Beruf ausscheiden, sagen, was für eine sinnvolle Aufgabe kann ich denn übernehmen.

J.W.: Ja, die Anteile der Älteren, so ab 60 Jahre sind nicht so hoch wie bei den Berufstätigen zwischen 30 und 50 Jahren. Der Anteil der Jugendlichen ist auch relativ hoch, er ist fast so hoch wie bei den Rentnern, also bei den Leuten über 60 Jahre. Und die Jugendlichen sind in diesen Studien, die da vorliegen (also der Freiwilligensurvey des Bundesministeriums), 14 bis 24 Jahre. Das sind die Jugendlichen letztendlich. Also ein relativ hoher Anteil Jugendlicher, allerdings nicht in den klassischen Funktionen, sondern sie suchen Kontakte, die wollen sich weiterentwickeln, die wollen auch Spaß haben. Das ist eigentlich die Chance: Wenn die in verschiedenen Organisationen tätig sind, dann muss man sie greifen, sag ich mal etwas salopp und versuchen, sie rein zu sozialisieren in diese Tätigkeiten.

...

(Eine Hörerin erzählt von Erfahrungen mit Politikern, die die Ehrenamtlichen nicht genug würdigen, sie sei auch „zusammengefaltet" worden. Politiker sollten die Ehrenamtlichen auf „Augenhöhe" wahrnehmen. Sozialminister Grütner versucht zu schlichten, das können nur Einzelfälle sein. Politiker treten in der Regel in Augenhöhe auf, denn sie wissen, dass die Ehrenamtlichen auch der „Kitt" seien, der die Gesellschaft mit zusammenhält).

J.W.: Ich wollte kurz ein Statement dazu abgeben. Man darf nicht vergessen, dass die Politik, die politische Tätigkeit natürlich im Ursprung ein Ehrenamt gewesen ist, und auf der kommunalen Ebene noch ist. Die Politiker wissen eigentlich, wovon sie reden.

(Herr Grütner als Politiker in der Runde erläutert kurz die Ehrenamtlichkeit in der Kommunalpolitik.)

J.W.: Daran kann man auch erkennen, was das bedeutet, wenn in diesen Bereichen dann Professionalisierung stattfindet. Das wäre jetzt aber ein anderes Thema, über die Berufspolitiker zu sprechen.

...

(Ein Hörer fordert von den Arbeitgebern mehr Freiheit für die ehrenamtliche Tätigkeit der Mitarbeiter)

M.R.: Herr Professor Winkler, vielleicht sprechen wir mal die Anforderungen im Beruf an. Die sind gestiegen, damit sind auch die Zeitfenster sich ehrenamtlich zu engagieren ein bisschen enger geworden. Gleichzeitig haben wir gehört von Herrn Wehner (Hörer), wenn die Arbeitgeber doch ein bisschen mehr Anerkennung zeigen würden, indem sie berufliche Freiräume schaffen würden. Eine gute Idee?

J.W.: Ja. Es sind zwei Punkte. Ich gehe auf Punkt zwei ein. Die Unternehmen. Ich glaube schon, dass die Unternehmen sich noch stärker aktivieren sollten, ihre Mitarbeiter anzuhalten zur ehrenamtlichen Tätigkeit oder bestehende ehrenamtliche Tätigkeit zu gutieren. Denn man muss davon ausgehen, dass wenn ein Unternehmen aktive Mitarbeiter hat außerhalb des Betriebes, kann er davon ausgehen, dass sie auch im Betrieb aktiv sind. Er weiß dadurch, dass er leistungsorientierte, produktive Mitarbeiter hat, also muss er ihnen auch den Freiraum geben. Das ist die eine Sache. Die zweite Sache mit der Berufstätigkeit: Es gibt natürlich unterschiedliche Berufsfelder, d. h. es ist kein Zufall, dass in vielen Positionen Berufstätige tatsächlich tätig sind, aber dann in Positionen, wo sie in der Lage sind disponibler mit ihrer Zeit umzugehen. Diese Leute werden natürlich ein bisschen bevorzugt, weil sie die Möglichkeit haben, Ressourcen aus ihrem Betrieb oder ihrem Unternehmen und Zeit zu investieren. Sie knapsen die Zeit ab und haben die Möglichkeit, die Zeit woanders nachzuholen.

...

M.R.: Herr Professor Winkler, knappe Minute haben wir noch, deswegen ganz kurz die Frage: Eher optimistisch was die Zukunft der Bürgergesellschaft, das ehrenamtliche Engagement in Zukunft betrifft?

J.W.: Ja, ich meine, es war immer hoch. Aber es wird öffentlich diskutiert, das finde ich gut, um die Anerkennungskultur zu verbessern. Aber was Herr Kegel vorhin gesagt hat, ist sehr wichtig. Wenn man mehr Beteiligung hat, möchten die Leute auch mehr Verantwortung haben. Und wenn man mehr Verantwortung hat, auch mehr Einfluss. Und darauf müssen sich die Politiker schon einstellen.

5.3. Pressenotizen 2010/2011

„Der Soziologe Joachim Winkler von der Hochschule Wismar teilt die Skepsis gegenüber einer allgemeinen Dienstpflicht. Zum einen sei der Anteil Jugendlicher, die sich ehrenamtlich engagieren, höher als in der Altersgruppe der 60-Jährigen. Außerdem hält der Soziologe nichts von einer Zwangsverpflichtung. Besser wäre es, Anreize für ehrenamtliches Engagement von jungen Menschen zu schaffen und das nicht nur im sozialen Bereich, empfiehlt der Soziologe im SWR-Interview: „Jugendliche haben das Ziel, ihren Erfahrungshorizont zu erweitern, sie suchen soziale Kontakte. Das kann man nicht verordnen."[203]

„Das bestätigt Joachim Winkler von der Hochschule Wismar, der über das Ehrenamt promovierte. „Unser soziales System wäre ohne ehrenamtliche Arbeit nicht denkbar", sagt der Soziologe. Sicherlich gebe es Bereiche, wie zum Beispiel die Altenpflege, die nur mit professioneller Pflege zu leisten sind. Doch die Bereitschaft der Menschen, sich sozial zu engagieren, sei in den vergangenen Jahren konstant geblieben. „Es handelt sich um Menschen, die über ein bestimmtes Leistungsethos

---

[203] SWRcont.ra. Das Informationsradio: Ein sozialer Pflichtdienst ist undemokratisch 26.8.2010, abrufbar unter: http://www.swr.de/contra/-/id=7612/nid=7612/did=6816034/16qaepf/index.html.

verfügen, also beruflich recht erfolgreich sind. Dieses Ethos setzt sich oft auch außerhalb des Berufs fort", so Winkler. Und: „Es muss immer aus ihrer eigenen Motivation herauskommen." Deswegen hält er auch nichts von dem Konzept, Arbeitslose für bürgerschaftliches Engagement zu gewinnen. „Arbeitslose denken an die fehlende Arbeit. Sie suchen Arbeit, haben also keine Motivation, zusätzliche unentgeltliche Arbeit anzunehmen."" [204]

„Der Soziologe Prof. Dr. Joachim Winkler sagt, es gehe um den Eindruck, gebraucht zu werden. „Man muss das Engagement ernst nehmen", erklärt der Ehrenamtsforscher von der Hochschule Wismar. Ehrenamtliche sehnten sich nicht nach Urkunden und eher selten nach einem persönlichen Vorteil. Entscheidend sei das Gefühl, sinnvolle Arbeit zu tun, gefragt zu sein.

…

Ehemalige lassen sich oft einfacher erreichen, etwa bei der Abschlussfeier. „Ehrenamtliche Tätigkeit beginnt dann, wenn die Leute gefragt und überzeugt werden", sagt Soziologe Winkler. Von allein komme kaum jemand.

…

Keinen Grund gibt es nach Ansicht des Soziologen Joachim Winkler, die hohen Herren und Damen hätten am Ende zu wenig Zeit für ihr Engagement. „Sie haben die Möglichkeit, ihre Zeit zu disponieren", sagt Winkler. Wollten sie sich engagieren, dann schafften sie das auch." [205]

---

[204] Die Welt 24. 7. 2010 (Sophia Seiderer: Ehrenamt für die Gesellschaft), abrufbar unter: http://www.welt.de/die-welt/politik/article8613417/Ehrenamt-fuer-die-Gesellschaft.html.

[205] Van Bebber, F.: Die Fanclubs vom Campus, duz MAGAZIN 06/10 vom 28.05.2010 (Deutsche Universitätszeitung), abrufbar unter: http://www.duz.de/docs/artikel/m_06_10fanclub.html.

„Das klingt toll, aber erklären sich Jugendliche tatsächlich bereit, freiwillig zu arbeiten, obwohl sie ihren Lohn nie wieder sehen? Der Soziologe Joachim Winkler aus Wismar sagte im Interview mit der *Süddeutschen Zeitung* am 8. Mai 2009: „Die freiwillige Tätigkeit erzeugt Zufriedenheit, etwas für sich und andere getan zu haben. Sie bietet häufig auch öffentliche Anerkennung. Schaut man soziologisch hinter die Kulissen, verfügen die Ehrenamtlichen über ein Ethos gesellschaftlicher Partizipation. Es entspricht ihrem Naturell, ehrenamtlich tätig zu sein." Seiner Meinung nach sind die Motive dafür unterschiedlich: Der Wille zu gestalten, kommunizieren, helfen oder der Wunsch, der Gesellschaft zu dienen, aber auch Überredungskünste anderer Ehrenamtlicher, vor allem aber der Spaß seien ausschlaggebend. Doch nicht nur das: Die sogenannten „social skills", zu Deutsch Sozialkompetenzen, die man im Ehrenamt erwirbt, sind im späteren Berufsleben von Bedeutung.

…

Wichtiger als alles andere ist jedoch das Gefühl, dass einen nach einem erfolgreichen Arbeitstag im Ehrenamt überkommt, das Winkler so auf den Punkt bringt: „Die freiwillige Tätigkeit erzeugt Zufriedenheit, etwas für sich und andere getan zu haben." Dieses beflügelnde Hochgefühl, „wie ein Fest nach langer Trauer, wie ein Feuer in der Nacht, ein offnes Tor in einer Mauer, für die Sonne aufgemacht."[206]

---

[206] Leimann, C.: Mitmachen Ehrensache – mehr als nur ein Schein, in: Jobfit-Magazin, 26. 7. 2010, abrufbar unter:
http://jobfit.jugendnetz.de/index.php?id=42&tx_wa72redaxclient_pi1[seite]
=Archiv&tx_wa72redaxclient_pi1[sortField]=author.authorName%2Ccontent
.externalAuthor%2CbaseArticle.author.authorName&tx_wa72redaxclient_pi1
[setSortReversed]=1&tx_wa72redaxclient_pi1[article]=11623&tx_wa72redax
client_pi1[categoryName]=Freiwillig%20aktiv&cHash=9bcfaada1c und in:
thema. Das Magazin im Jugendnetz Baden-Württemberg, abrufbar unter:
http://thema.jnbw.de/projekte/11620 und in: f 79. Das Schülermagazin in
Freiburg und Region, abrufbar unter:
http://f79.jnbw.de/Events%20&%20Termine/11614?showComments=1 und

„Und wie sieht es mit der ehrenamtlichen Arbeit, dem freiwilligen, un-
entgeltlichen Einsatz unserer Jugend aus? Es hat den Anschein, dass
sich ehrenamtlich einzubringen, bei jungen Menschen als ‚uncool' gilt.
Ist die Jugend heute egoistischer?

Der Soziologie Joachim Winkler verdient diese Aussage: ‚Der Anteil
der Jugendlichen im freiwilligen Einsatz ist nicht kleiner geworden.'
Erstaunlich viele Jugendliche sind für zeitlich begrenzte Projekte zu
gewinnen."[207]

„In sehr unmittelbarem Sinn profitieren auch die unter Auf- und Aus-
gabenlasten ächzenden Städte und Gemeinden von den Leistungen
Freiwilliger. Kein Wunder, dass Bürgermeister und Landräte dem Ehrenamt sichtbare Wertschätzung zuteil werden lassen, indem sie Or-
denszeichen kreieren und den Segen des Stiftungswesens beschwören.

Die Freiwilligenheere werden dadurch nicht kleiner, dass dies immer
behauptet wird. Der Soziologieprofessor Joachim Winkler, der über
das Ehrenamt promoviert hat, stellt keine quantitative Veränderung
fest. Im Gegenteil. In der alternden Gesellschaft steigt die Bereitschaft,
sich in Pflege und Sterbebegleitung zu engagieren. Pflegevereine und
die Hospizbewegung könnten anders nicht existieren."[208]

---

in: jugendbegleiter magazin, abrufbar unter:
http://www.jugendbegleiter.jnbw.de/Workshop-Ergebnisse/11612.

[207] „Vergelts Gott!" Das Ehrenamt – notwendig für unsere Gesellschaft? Beitrag
von Erich Liebenwein, in Turnen. Zeitung des ST. Vieter Turnvereins, Ausgabe 5 – September 2010, S. 14, abrufbar unter: http://www.turnverein-
sanktveit.at/images/zeitung_2010%20sm.pdf.

[208] Thierer, H.-U.: Im Land der Freiwilligen (Leitartikel) in: Schwäbisches Tagblatt vom 23.12. 2010, abrufbar unter:
http://www.tagblatt.de/Home/nachrichten/ueberregional/politik_artikel,-
Im-Land-der-Freiwilligen-_arid,120729.html;
http://www.neckar-chronik.de/Home/nachrichten/ueberregional/politik_
artikel,-Im-Land-der-Freiwilligen-_arid,120729.html;
http://webcache.googleusercontent.com/search?q=cache:i-77RcofiJkJ:
www.markgroeninger-zeitung.de/bz1/news/politik_artikel.php%3Fartikel
%3D5415442+ehrenamt+%22joachim+winkler%22&cd=106&hl=de&ct=clnk&

„Immer wieder liest man, dass die Jugend auf ehrenamtliche Tätigkeiten bei der Feuerwehr, dem Technischen Hilfswerk, dem Deutschen Roten Kreuz oder der Johanniter Unfallhilfe keine Lust mehr habe. Joachim Winkler, Professor für Allgemeine Soziologie an der Hochschule Wismar, sieht dies anders. Er betont in einem Interview für die Süddeutsche Zeitung, dass der Anteil derer, die in Ehrenämtern zu finden sind, im Vergleich zu den 80er-Jahren nicht kleiner geworden ist. Der Anteil sei nahezu so groß wie in der Gesamtbevölkerung und sogar höher als bei den Rentner.

Aufgrund von öffentlichen Diskussionen rückt das Ehrenamt aber vermehrt in den Mittelpunkt. Wer selbst keinen Jugendlichen kennt, der ehrenamtlich tätig ist, dafür aber von anderen Jugendlichen angepöbelt wird, bildet sich natürlich seine Meinung – selbst wenn diese falsch ist. In Emden, einer 50.000-Einwohner-Stadt in Ostfriesland, wird das Bild von Professor Winkler bestätigt. Das Deutsche Rote Kreuz, Kreisverband der Stadt Emden e. V., bietet Menschen jeden Alters Möglichkeiten zur Weiterbildung in der Ersten Hilfe."[209]

„Auch heute noch sind die Vereine die wichtigsten Organisationsformen, in denen Ehrenamtliche zusammenkommen…

Der Soziologe Joachim Winkler von der Hochschule Wismar hat über das Ehrenamt promoviert. Für ihn sind Vereine Teil der demokratischen Gesellschaft nicht nur weil ihr Aufbau und ihre Strukturen im Grundgesetz definiert werden. *„Die Ehrenamtlichen in den Vereinen vermitteln zwischen dem Staat und den privaten Bürgern, da sie zu beiden Seiten offen sind. Das schafft Transparenz."*

---

gl=de&source=www.google.de;
http://www.swp.de/ulm/nachrichten/politik/LEITARTIKEL-GESELLSCHAFT-Im-Land-der-Freiwilligen;art4306,776332.

[209] Aus: http://www.maminetz.de/jugendliche-im-ehrenamt/, 16. Mai 2011; http://www.feedagg.com/feed/7081079/Mami-Netz.

Diese Art des Engagements hat stets einen öffentlichen Bezug...

...

Bettlägerige Menschen oder schwer erziehbare Jugendliche zu betreuen bedarf jedoch einer professionellen Ausbildung, sonst könnten Schutzbefohlene als auch die Helfer selbst Schaden nehmen.

Dennoch – das Ehrenamt ist nicht zu ersetzen. *„Man kann nicht alles professionalisieren, genauso wenig, wie man für alles ein Ehrenamt einrichten kann"*, sagt Joachim Winkler. Wer mag sich schon vorstellen, dass das, was Ehrenamtliche leisten, als Dienstleistung verrechnet wird...

...

Manchmal beteiligen sich die Menschen auch aus vermeintlichen Selbstinteresse...Stuttgart 21 hat gezeigt, welche Dimension das Engagement der Bürger annehmen kann. Diese Entwicklung ist aber nicht zwangsläufig negativ. Der Soziologe Joachim Winkler sieht keinen Widerspruch zum traditionellen Ehrenamt. *„Von der Vorstellung, dass Ehrenamt reiner Altruismus ist, hat man sich schon lange gelöst. Solche Gruppen sind außerdem nicht wirklich egoistisch. Es geht darum, Gleichgesinnte zu finden. So wird aus dem Selbstzweck wieder Gemeinwohl"*, sagt Winkler."[210]

[210] Srikiow, L. (2011): Die Stützen der Gesellschaft, in: DIE ZEIT, Nr. 31, 28.07.2011, S. 61.

Epilog

Pflichtdienst für Jugendliche -- Ein Interview[211]

Die allgemeine Wehrpflicht für junge Männer steht auf dem Prüfstand und die Debatte darüber, wie ein Dienst bei der Bundeswehr künftig aussieht, bestimmt auch heute wieder die politische Diskussion. Denn sollte die Wehrpflicht ausgesetzt werden, wäre auch der Zivildienst passe...

Andrea Beer: Professor Joachim Winkler ist Soziologe an der Hochschule Wismar und beschäftigt sich dort mit freiwilliger Arbeit und jungen Menschen und Ehrenamt. Mal abgesehen von verfassungsrechtlichen Bedenken, was halten Sie denn von dem Vorschlag, jungen Menschen zur sozialen Arbeit zu verpflichten?

Joachim Winkler: Ich bin kein Freund dieser Idee aus dem einfachen Grund weil es ja darum geht, bürgerliches Engagement zu betreiben, und das sollte nicht auf ein Jahr beschränkt sein, sondern es sollte ein lebenslanges Engagement werden. Ich befürchte, wenn Jugendliche gezwungen werden „freiwillig" im sozialen Bereich tätig zu sein, dass sie dann sagen, das eine Jahr reicht mir und später dann nicht mehr im Ehrenamt tätig sein werden.

Man muss vielleicht auch wissen, die Jugendlichen sind ja ehrenamtlich tätig oder freiwillig tätig. Der Anteil der Jugendlichen, die sich engagieren, ist größer als der bei über 60jährigen. D. h., das jugendliche Engagement wird in der Öffentlichkeit deutlich unterschätzt. Da ent-

---

[211] Interview von Andrea Beer im Rahmen eines Berichtes über aktuelle Vorschläge der Ministerpräsidenten von Hessen und Rheinland-Pfalz, Roland Koch und Peter Müller für einen sozialen Pflichtdienst für Männer (aber auch Frauen) als Ersatz für den wegfallenden Wehrdienst und damit des Zivildienstes gesendet im SWR2-Aktuell am 26.8.2010. Der wiedergegebene Text ist eine Mitschrift des Life-Interviews.

stehen Legenden, die man endlich auch einmal ausräumen müsste und das Engagement der Jugendlichen würdigen.

A.B.: Wird denn aus ihrer Sicht diese Arbeit, diese ehrenamtliche Arbeit und freiwillige Arbeit der Jugendlichen von staatlicher Seite genügend unterstützt?

J.W.: Nein. Das läuft alles im Bereich der Vereine ab, dort spielt sich das ab. Die Jugendlichen werden von Erwachsenen rekrutiert. Sie wachsen hinein und bleiben dann in der Regel auch in der ehrenamtlichen Tätigkeit, wenn sie dann später alter sind, älter als 24 z. B.

A.B.: Es geht ja hier um die Zukunft der Wehrpflicht und eben auch des Zivildienstes. Und diese Vorschläge von Herrn Koch und Herrn Müller, jetzt aktuell die von heute in der Zeitung, die sind ja deswegen gemacht worden, weil man Leute braucht, die diese Tätigkeiten von Zivildienstleistenden ersetzen könnten. Es gibt ja viele Jugendliche, die sich engagieren, haben Sie gerade gesagt, aber wollen ja vielleicht gar nicht unbedingt ins Altersheim und Zivis ersetzen, sondern lieber Seehunde retten. Kann man das als Staat überhaupt lenken, wo sich Jugendliche engagieren?

J.W.: Nein. Das kann man nicht lenken. Das hängt mit der Motivstruktur der Jugendlichen zusammen, die haben das Ziel also ihren Erfahrungshorizont zu erweitern. Sie suchen soziale Kontakte und natürlich Spaß, das sind so einige der Motive. Man kann das nicht verordnen. Man sollte sich auch vorstellen: Pflicht ist ja auch ein anderes Wort für Zwang. Wenn man also zwangsweise Leute, die eigentlich nicht dazu motiviert sind, sozial tätig werden lässt, dann befürchte ich, dass eher Schaden entsteht als Hilfe. Man sollte da sehr vorsichtig sein. Man sollte das unterstützen, man sollte Anreize schaffen, aber Anreize für die Freiwilligkeit. Also man sollte von staatlicher Seite sich überlegen, was können wir tun, damit die Leute tatsächlich das Potential von Ehrenamtlichkeit, was sie haben, auch tatsächlich einsetzen. Das wäre mein Vorschlag.

A.B.: Wie könnte so ein Anreiz für Freiwilligkeit denn aussehen aus ihrer Sicht?

J.W.: Das könnte sein, dass man auch anerkennt, etwa bei Bewerbungen, bei Ähnlichem, dass man also nachweisen kann, man hat eine bestimmte ehrenamtliche Tätigkeit, eine freiwillige Tätigkeit, dass das auch gutiert wird. Vielleicht ist Ihnen bekannt: Sie finden in Amerika keine Bewerbungen von jungen Leuten, oder generell von Berufstätigen, wo nicht enthalten ist, welche freiwilligen, ehrenamtlichen Tätigkeiten sie durchgeführt haben.

A.B.: Es gibt ja auch verfassungsrechtliche Bedenken, wenn junge Menschen oder auch ältere Menschen, jetzt egal, wer zu Diensten in irgendeiner Form verpflichtet werden sollen, wie schwer wiegt dies aus Ihrer Sicht?

J.W.: Ja, ich meine, wir sind ein demokratischer Staat und die Bürger sollen ja Dinge freiwillig tun und jede Form von Zwang führt letztlich dazu, dass ansatzweise Verweigerungshaltungen sich entwickeln.

A.B.: Danke an den Soziologen Joachim Winkler von der Hochschule Wismar.

Literaturverzeichnis

Eigene Arbeiten zum Ehrenamt:

Ehrenamtliche Funktionsträger in Sportverbänden - Probleme der Rekrutierung und Selektion, in: Kutsch, T./Wiswede, G. (Hrsg.) (1981): Sport und Gesellschaft - Die Kehrseite der Medaille (Soziale Probleme der Gegenwart Band 4), Königstein, S. 29 – 41.

Aspekte der Verberuflichung ehrenamtlicher Tätigkeit im Sport, in: Klaus Heinemann (Hrsg.) (1984): Texte zur Ökonomie des Sports, Schorndorf, S. 237– 271.

Perspektiven der Professionalisierung sozialer Aufgaben in Sportorganisationen, in: Deutsche Sportjugend (Hrsg.) (1985): Jugendarbeitslosigkeit und Sport, Frankfurt, S. 60 – 65.

Die ehrenamtliche Tätigkeit im Sport. Kompensation oder gesellschaftliches Engagement?, in: Kölner Beiträge zur Sportwissenschaft, Band 14, Jahrbuch der Deutschen Sporthochschule 1985, St. Augustin 1985, S. 163–182 (Richarz).

Verbände im Sport - Eine empirische Analyse des Deutschen Sportbundes und ausgewählter Mitgliedsorganisationen, Schriftenreihe des Bundesinstituts für Sportwissenschaft, Band 43, Schorndorf 1985 (zusammen mit Ralf-Rainer Karhausen und Rolf Meier).

Ehren- und Hauptamtlichkeit - Ein neues Problem der Sportvereine, in: Pilz, G. (Hrsg.) (1986): Sport und Verein, Arbeitsbücher zum Sport, Band 9, Reinbeck, S. 159–172.

Professionalismus und Ehrenamt. Eigenarten, Gegensätze und Gemeinsamkeiten, in: Dokumentation, Arbeitstagung der Lehrreferenten der DSB-Mitgliedsorganisationen vom 14. bis 16. März 1986 in Frankfurt, S. 1–7.

Zur Soziologie des Ehrenamtes, in: Friedrichs, J. (Hrsg.) (1987): 3. Soziologentag 1986 - Beiträge der Sektions- und Ad-Hoc-Veranstaltungen, Opladen, S. 369–372.

Das Ehrenamt - Zur Soziologie ehrenamtlicher Tätigkeit, dargestellt am Beispiel der deutschen Sportverbände, Schriftenreihe des Bundesinstituts für Sportwissenschaft, Band 61, Schorndorf 1988.

Zur Soziologie des Ehrenamtes, in: Jütting, D. H./Knoblauch-Flach, A. (Hrsg.): Lehren und Lernen mit Erwachsenen in Verbänden, Paderborn (Universitäts-Gesamthochschule) 1989, S. 57-70.

Das Ehrenamt zwischen Privatheit und Öffentlichkeit, in: Anders, G. (Hrsg.): Vereinssport in der Wachstumskrise? Sport in der Krise der Industriegesellschaft, Witten 1990, S. 96–116, teilweise abgedruckt im vorliegenden Band.

Ehre und Amt - Ehrenamtliche Tätigkeit als Teil spezifischer Lebensstile, in: Vogt, L./Zingerle, A. (Hrsg.) (1994): Ehre – Archaische Momente in der Moderne, Frankfurt, S. 132 – 150, abgedruckt im vorliegenden Band.

Radiointerview: Über die Ehrenamtlichen, in: Living in Germany, in: Deutsche Welle, englisches Programm am 15.1.1997.

Ehre dem Ehrenamt, in: Ethik und Sozialwissenschaften 10 (1999), S. 417–418, abgedruckt im vorliegenden Band.

Jugendliche sind sehr aktiv. Soziologe Joachim Winkler über Motive von Ehrenamtlichen, Interview in der Süddeutschen Zeitung Nr. 105 vom 8. Mai 2009, S. 23 (Wirtschaftsteil): http://www.sueddeutsche.de/leben/ehrenamt-und-zivilcourage-jugendliche-sind-sehr-aktiv-1.453317, wieder abgedruckt unter: http://www.fundraising-journal.ch/news/entry_items/090516165159/index_html,

http://twitter.com/GebenGibt/statuses/1811401650,

http://twitter.com/frjournal/favorites,

http://www.lesfinanciersdesuisse.org/index.php?option=com_content&view=article&id=103:ehrenamt&catid=52:regeln-und-gesetze&Itemid=73,

http://www.use-union.eu/index.php?option=com_content&view=article&id=100:jugendlicher-aktivismus&catid=69:kinder-und-jugendliche&Itemid=59,

http://www.st-marien-oberhausen.de/cms/index.php?section=media1&path=%2Fcms%2Fmedia%2Farchive1%2Farchiv_2009%2FGn_35.pdf , GN_36.pdf,

http://www.ming tang.de/index php?option=com_content&view=article&id=49:jugendlicher-aktivismus&catid=31:systeme-und-realitaet&Itemid=39,

http://ko-kr.facebook.com/posted.php?id=91129307472&share_id=83303533420&comments=1, abgedruckt im vorliegenden Band.

Interview: Pflichtdienst für Jugendliche; SWR2 Aktuell, 26. 8. 2010: http://www.swr.de/contra/-/id=7612/nid=7612/did=6816034/16qaepf/index.html, abgedruckt im vorliegenden Band.

Studiogespräch: Journal am Vormittag – Länderzeit: Bonus für bürgerschaftliches Engagement, Deutschlandfunk, 27. 10. 2010 (10.10 – 11.30):

http://ondemand-mp3.dradio.de/file/dradio/2010/10/27/dlf_20101027
_1010_e4a989fd.mp3, abgedruckt im vorliegenden Band.

Ehrenamtliche Arbeit und Zivilgesellschaft, Wismarer Diskussionspapiere, Heft
11/2011: http://www.wi.hs-wismar.de/documents/wismarer_ diskuss-
ionspapiere/2011/1111_Winkler.pdf.

Literatur:

Affeld, D. (1975): Im Schlepptau von Politik und Planung. Freizeitforschung –
Probleme eines jungen Wissenschaftszweiges, in: Das Parlament Nr. 32
(1975), S. 1.

Anders, G. (Hrsg.) (1990): Vereinssport an der Wachstumsgrenze? Sport in der Krise der Industriegesellschaften, Witten.

Anders, G. (2007): Soziologische Sportorganisationsforschung in der Bundesrepublik Deutschland, in: gesis (Hrsg.): soFid - Sozialwissenschaftlicher Informationsdienst 02/2007: Freizeit-Sport-Tourismus, Bonn, S. 9–24.

Bahrdt, H. P. (1969): Die moderne Großstadt, Reinbeck.

Beher, K./**Liebig**, R./**Rauschenbach**, T. (1998): Das Ehrenamt in empirischen Studien – ein sekundäranalytischer Vergleich, Schriftenreihe des Bundesministerium für Familie, Senioren, Frauen und Jugend Band 163, Stuttgart.

Bette, K.-H. (1984): Die Trainerrolle im Hochleistungssport, Sankt Augustin.

Blasius, J./**Winkler**, J. (1989): Gibt es die „feinen Unterschiede"? Eine empirische
Überprüfung der Bourdieuschen Theorie, in: Kölner Zeitschrift für Soziologie und Sozialpsychologie 41 (1989), Heft 1, S. 72-94.

Bourdieu, P. (1982): Die feinen Unterschiede, Frankfurt.

Braun, J./**Klages**, H. (2000): Freiwilliges Engagement in Deutschland – Freiwilligensurvey 1999, Ergebnisse der Repräsentativerhebung zu Ehrenamt, Freiwilligenarbeit und bürgerlichem Engagement, Band 2: Zugangswege zum
freiwilligen Engagement und Engagementpotenzial in den neuen und alten
Bundesländern, Schriftenreihe des Bundesministerium für Familie, Senioren, Frauen und Jugend Band 194.2, Stuttgart.

Bundesminister des Innern (Hrsg.) (1991): Siebter Sportbericht der Bundesregierung, Bonn.

Bundesministerium für Familie, Senioren, Frauen und Jugend (Hrsg.) (2010):
Monitor Engagement, Ausgabe Nr. 2: Freiwilliges Engagement in Deutschland 1999 – 2004 – 2009, Kurzbericht des 3. Freiwilligensurveys, Berlin.

Bundestag 1982 des DSB in Düsseldorf: Das Ehrenamt im Sport.

Bundestag 1982 des DSB in Düsseldorf: Das Ehrenamt im Sport, o.J., o.O.

Conze, W. (1973): Die Preussische Reform unter Stein und Hardenberg, Stuttgart.

Dann, O. (Hrsg.) (1984): Vereinswesen und bürgerliche Gesellschaft in Deutschland, Beiheft 9 (Neue Folge) der Historischen Zeitschrift, München.

Derlien, H.-U. (1980): Zur Bedeutung und Funktion der ehrenamtlichen Mitarbeiter in sozialen Systemen, in: DSB (Hrsg.): Idealismus oder Materialismus? Zur ehrenamtlichen Mitarbeit im Sport, Frankfurt, S. 16-33.

Der Standard, 13.2.97.

Deutscher Bundestag (1996): Antwort der Bundesregierung auf die große Anfrage der Abgeordneten Klaus Riegert u. a.: Bedeutung ehrenamtlicher Tätigkeit für unsere Gesellschaft, Deutscher Bundestag, 13. Wahlperiode, Drucksache 13/5674 vom 1.10.1996.

Deutscher Bundestag (2002): Bericht der Enquete-Kommission „Zukunft des Bürgerschaftlichen Engagements": Bürgerschaftliches Engagement: Auf dem Weg in eine zukunftsfähige Bürgergesellschaft, Drucksache 14/8900, 03.06. 2002.

Dörner, A./**Vogt**, L. (2008): Das Geflecht aktiver Bürger, „Kohlen" - eine Stadtstudie zur Zivilgesellschaft im Ruhrgebiet, Wiesbaden.

DSB-Information Nr. 31/83.

DSB-Information Nr. 48/82.

DSB-Information Nr. 46/1972.

Fölsche, E. (1911): Das Ehrenamt in Preußen und im Reich, Breslau.

Freiherr vom Stein (1955): Ausgewählte politische Briefe und Denkschriften, hrsg. von E. Botzenhart und G. Ipsen, Stuttgart, S. 109 – 125.

Freiherr vom Stein (1973): Immediatsbericht der Minister Schrötter und Stein, Königsberg 9.11.1808, in: Conze, W.: Die Preussische Reform unter Stein und Hardenberg, Stuttgart, S. 59f.

Frevert, U. (1991): Ehrenmänner - Das Duell in der bürgerlichen Gesellschaft, München.

Frevert, U. (1993): Ist Soziologie satisfaktionsfähig?, in: FAZ, 17.5.93.

Frevert, U. (1994): Die Vogelperspektive der Blinden - Wie Sozialwissenschaftler sich die Geschichte der Ehre vorstellen, in: FAZ, 27.6.94.

Fülgraf, B. (1970): Öffentlichkeit, in: Görlitz, A. (Hrsg.): Handlexikon zur Politikwissenschaft, München.

Gemeindenachrichten St. Marien (Alt-Oberhausen), Nr. 35, 23. 8. 2009, S. 1 und Nr. 36, 30. 8. 2009.

Gensike, T./**Picot**, S./**Geis**, S. (2005): Freiwilliges Engagement in Deutschland 1999-2004 - Ergebnisse der repräsentativen Trenderhebung zu Ehrenamt, Freiwilligenarbeit und bürgerschaftlichen Engagement, München.

Gensicke, T. (2010): Zivilgesellschaft und freiwilliges Engagement in Deutschland im Lichte des Freiwilligensurveys 1999, 2004 und 2009, in: Zeitschrift für Erziehungswissenschaften 13 (2010), S. 215 – 232.

Gensicke, T./**Geiss**, S. (2010): Weniger Engagement bei Jugendlichen, mehr bei den Älteren - Ergebnisse der Freiwilligensurveys 1999, 2004 und 2009, in: Informationsdienst Soziale Indikatoren, Ausgabe 44, August 2010, S. 11–14.

Guttandin, F. (1993): Das paradoxe Schicksal der Ehre - Zum Wandel der adeligen Ehre und zur Bedeutung von Duell und Ehre für den monarchischen Zentralstaat, Berlin.

Habermas, J. (1964): Öffentlichkeit, in: Fraenkel, E./Bracher, K.-D.: (Hrsg.): Staat und Politik, Frankfurt, S. 220.

Habermas, J. (1971): Strukturwandel der Öffentlichkeit, 5. Auflage, Neuwied.

Hansen, H.: Zur Bedeutung und Funktion der ehrenamtlichen Mitarbeit im Bereich des Deutschen Sportbundes, in: DSB 1980, S. 35.

Hassel, C. (2007): Das freie Enzyklopädie-Projekt Wikipedia, Bochum 2007, Diplomarbeit an der Fakultät für Sozialwissenschaften der Universität Bochum.

Heffter, H. (1950): Die deutsche Selbstverwaltung im 19.Jahrhundert, Stuttgart.

Heinemann, K. (1977): Ist ehrenamtliche Mitarbeit noch zeitgemäß?, in: Sportwissenschaft 1 (1977), S. 6-13.

Heinemann, K./**Horch**, H.-D. (1981): Soziologie der Sportorganisation, in: Sportwissenschaft 11(1981), S. 123-150.

Hillmann, K.-H. (1994): Wörterbuch der Soziologie, Stuttgart.

Hinze, O. (1901): Acta Borussica, Berlin.

Hirschmann, A. O. (1984): Engagement und Enttäuschung - Über das Schwanken der Bürger zwischen Privatheit und Gemeinwohl, Franfurt.

Horch, H. D. (1981): Das Ehrenamt im Wandel der Zeit – über die verhaltensprägende Kraft der Ehre in Vergangenheit, Gegenwart und Zukunft, in: Führungs- und Verwaltungs-Akademie Berlin des DSB (Hrsg.): Das Ehrenamt im Sport – Last ohne Ehren?, Berlin, S. 19-37.

Horch, H.-D. (1983): Strukturbesonderheiten freiwilliger Vereinigungen, Frankfurt.

Jahoda, M./**Lazersfeld**, P. F./**Zeisel**, H. (1975): Die Arbeitslosen von Marienthal, Frankfurt 1975, Erstveröffentlichung 1933.

Korte, H. (1998): Ehrenamt, in: HdSW, Bd. 3, S. 27–32.

Kromrey, H. (2000): Empirische Sozialforschung, 9. Auflage, Opladen.

Meyhöfer, A. (1991): Tugend auf der Degenspitze, in: Der SPIEGEL 14/1991, S. 204-209.

Müller, S./**Rauschenbach**, T. (Hrsg.) (1988): Das Soziale Ehrenamt - Nützliche Arbeit zum Nulltarif, Weinheim/München.

Müller-Jentsch, W. (2008): Der Verein – ein blinder Fleck der Organisationssoziologie, in: Berliner Journal für Soziologie Jhg. 18, Heft 3, S. 476–502.

Nipperdey, T. (1972): Verein als soziale Struktur im späten 18. und 19. Jahrhundert, in: Boockmann, H. et al. (Hrsg.): Geschichtswissenschaft und Vereinswesen im 19. Jahrhundert, Göttingen, S. 1-44.

Nipperdey, T. (1983): Deutsche Geschichte 1800-1866 - Bürgerrecht und starker Staat, München.

Picot, S. (2000): Freiwilliges Engagement in Deutschland – Freiwilligensurvey 1999, Ergebnisse der Repräsentativerhebung zu Ehrenamt, Freiwilligenarbeit und bürgerlichem Engagement, Band 3: Frauen und Männer, Jugend, Senioren, Sport, Schriftenreihe des Bundesministerium für Familie, Senioren, Frauen und Jugend Band 194.3, Stuttgart.

Priller, E. (2010): Stichwort: Vom Ehrenamt zum zivilgesellschaftlichen Engagement, in: Zeitschrift für Erziehungswissenschaften 13 (2010), S. 195–213.

Rau, J.: Partnerschaft zwischen Sport und Staat, in: LS B m~ 7/1 98 1, S. 3.

Rauschenbach, T. (1991): Gibt es ein „neues Ehrenamt"? Zum Stellenwert des Ehrenamtes in einem modernen System sozialer Dienste, in: Sozialpädagogik, Jahrg. 43, 1991, Heft 1, S. 2–10.

Rothfels, H. (1948): Stein und die Neugründung der Selbstverwaltung, in: Zeitschrift für Religions- und Geistesgeschichte 1 (1948), S. 210–221.

Sachße, C. (2002): Traditionslinien bürgerschaftlichen Engagements, in: Deutscher Bundestag: Bericht der Enquete-Kommission „Zukunft des Bürgerschaftlichen Engagements": Bürgerschaftliches Engagement: auf dem Weg in eine zukunftsfähige Bürgergesellschaft, Drucksache 14/8900, 03.06.2002, S. 23–28.

Scheuch, E. K./**Kutsch**, T. (1975): Grundbegriffe der Soziologie, Teil 1: Grundlegung und elementare Phänomene, Stuttgart.

Schivelbusch, W. (1980): Das Paradies, der Geschmack und die Vernunft - Eine Geschichte der Genussmittel, München.

Schwab, D. (1971): Die Selbstverwaltungsidee des Freiherrn vom Stein und ihre geistige Grundlage, Frankfurt.

Sennett, R. (1983): Verfall und Ende des öffentlichen Lebens: Die Tyrannei der Intimität, Frankfurt.

Siewert, H.-J. (1984): Zur Thematisierung des Vereinswesens in der deutschen Soziologie, in: Dann, O. (Hrsg.): Vereinswesen und bürgerliche Gesellschaft in Deutschland, Historische Zeitschrift (Neue Folge), München, S. 157.

Simmel, G. (1968): Soziologie, Tübingen.

Srikiow, L. (2011): Die Stützen der Gesellschaft, in: DIE ZEIT, Nr. 31, 28.07.2011, S. 61.

Stegbauer, C. (2006): Von den Online Communities zu den computervermittelten sozialen Netzwerken, in: ders./Rauch, A.: Strukturalistische Internetforschung, Wiesbaden, S. 67–94.

Teubner, G. (1978): Organisationsdemokratie und Verbandsverfassung, Tübingen.

Thiersch, H. (1988): Laienhilfe, Alltagsorientierung und professionelle Arbeit - Zum Verhältnis von beruflicher und ehrenamtlicher Arbeit, in: Müller, S./Rauschenbach, T. (Hrsg.): Das Soziale Ehrenamt - Nützliche Arbeit zum Nulltarif, Weinheim/München.

Troeltsch, E. (1911): Die Bedeutung des Protestantismus für die Entstehung der neuen Welt, München/Berlin.

Troeltsch, E. (1912): Die Soziallehren der christlichen Kirchen und Gruppen, Tübingen.

Vogt, L. (1992): Literaturbesprechung zu Ute Frevert: Ehrenmänner, in: KZfSS 44(1992), H. 3, S. 608-610.

Vogt, L. (1997): Zur Logik der Ehre in der Gegenwartsgesellschaft, Frankfurt.

Vogt, L./**Zingerle**, A. (Hrsg.) (1994): Ehre – archaische Momente in der Moderne, Frankfurt.

Vogt, L. (1999): Die Modernität der Ehre, Zeitschrift Ethik und Sozialwissenschaften 10 (1999), S. 417–418, S. 335–345.

von Rosenbladt, B. (Hrsg.) (2001): Freiwilliges Engagement in Deutschland – Freiwilligensurvey 1999, Ergebnisse der Repräsentativerhebung zu Ehrenamt, Freiwilligenarbeit und bürgerlichem Engagement, Band 1: Gesamtbericht, Schriftenreihe des Bundesministerium für Familie, Senioren, Frauen und Jugend Band 194.1, Stuttgart.

Weber, M. (1947): Gesammelte Schriften zur Religionssoziologie, Bd. 1, 4. Auflage, Tübingen.

Weber, M. (1972): Wirtschaft und Gesellschaft - Grundriss der verstehenden Soziologie, 5. Auflage, Tübingen.

Winkler, J. (1988): Das Ehrenamt, Schorndorf.

Winkler, J. (1989): Monsieur le Professeur! Anmerkungen zur Soziologie Pierre Bourdieus, in: Sociologia Internationalis 27 (1989), Heft 1, S. 5–18.

Winkler, J. (1990): Das Ehrenamt im Spannungsfeld von Öffentlichkeit und Privatheit, erschienen in: Georg Anders (Hrsg.): Vereinssport an der Wachstumsgrenze? Sport in der Krise der Industriegesellschaften, Witten, S. 96–116.

Winkler, J. (1994): Ehre und Amt - Ehrenamtliche Tätigkeit als Teil spezifischer Lebensstile, in: Vogt, L./Zingerle, A. (Hrsg.): Ehre – archaische Momente in der Moderne, Frankfurt, S. 132-150.

Winkler, J. (1994): Max Webers Zentralbegriff, In: FAZ, 12.7.94.

Winkler, J. (1999): Ehre dem Ehrenamt, in: Zeitschrift Ethik und Sozialwissenschaften 10 (1999), S. 417 – 418.

Wissenschaftszentrum Berlin für Sozialwissenschaften (WZB) (2009): Bericht zur Lage und zu den Perspektiven des bürgerschaftlichen Engagements, herausgegeben vom Bundesministerium für Familie, Senioren, Frauen und Jugend, Berlin.

Wurzbacher, G. (1971): Die öffentliche freie Vereinigung als Faktor soziokultureller, insbesondere emanzipatorischen Wandelns im 19. Jahrhundert, in: Ruegg, W./Neuloh, O. (Hrsg.): Zur sozialen Theorie und Analyse des 19. Jahrhunderts, Göttingen, S. 103-122.

Zimmer, A. (2003): Über Macht und Ehre in Vereinen und Verbänden: Ein Rückblick auf Forschung und Politik, in: Gruppendynamik und Organisationsberatung, 34. Jahrg., Heft 4, 2003, S. 331-345.

Zimmer, A. (2007): Vom Ehrenamt zum Bürgerschaftlichen Engagement, in: Schwalb, L./Walk, H.: Local Governance – mehr Transparenz und Bürgernähe?, Wiesbaden, S. 95–108.

Internetquellen:

Die Welt 24. 7. 2010 (Sophia Seiderer: Ehrenamt für die Gesellschaft), abrufbar unter:
http://www.welt.de/die-welt/politik/article8613417/Ehrenamt-fuer-die-Gesellschaft.html.

Journal am Vormittag – Länderzeit: Bonus für bürgerschaftliches Engagement, im Deutschlandfunk am 27. 10. 2010 von 10.10 – 11.30, abrufbar unter: http://ondemand-mp3.dradio.de/file/dradio/2010/10/27/dlf_20101027_1010_e4a989fd.mp3.

Leimann, C.: Mitmachen Ehrensache – mehr als nur ein Schein, in: Jobfit-Magazin, 26. 7. 2010, abrufbar unter:
http://jobfit.jugendnetz.de/index.php?id=42&tx_wa72redaxclient_pi1[seite]=Archiv&tx_wa72redaxclient_pi1[sortField]=author.authorName%2Cconte nt.externalAuthor%2CbaseArticle.author.authorName&tx_wa72redaxclient_pi1[setSortReversed]=1&tx_wa72redaxclient_pi1[article]=11623&tx_wa72re daxclient_pi1[categoryName]=Freiwillig%20aktiv&cHash=9bcfaada1c und in: thema. Das Magazin im Jugendnetz Baden-Württemberg, abrufbar unter: http://thema.jnbw.de/projekte/11620 und in: f 79. Das Schülermagazin in Freiburg und Region, abrufbar unter:
http://f79.jnbw.de/Events%20&%20Termine/11614?showComments=1 und in: jugendbegleiter magazin, abrufbar unter:
http://www.jugendbegleiter.jnbw.de/Workshop-Ergebnisse/11612.

SWRcont.ra. Das Informationsradio: Ein sozialer Pflichtdienst ist undemokratisch 26.8.2010, abrufbar unter:
http://www.swr.de/contra/-/id=7612/nid=7612/did=6816034/16qaepf/index.html.

Thierer, H.-U.: Im Land der Freiwilligen (Leitartikel) in: Schwäbisches Tagblatt vom 23.12. 2010, abrufbar unter:
http://www.tagblatt.de/Home/nachrichten/ueberregional/politik_artikel, -Im-Land-der-Freiwilligen-_arid,120729.html; http://www.neckar-chronik.de/Home/nachrichten/ueberregional/politik_artikel,-Im-Land-der-Freiwilligen-_arid,120729.html;
http://webcache.googleusercontent.com/search?q=cache:i-77RcofiJkJ: www.markgroeninger-zeitung.de/bz1/news/politik_artikel.php%3Fartikel %3D5415442+ehrenamt+%22joachim+winkler%22&cd=106&hl=de&ct=clnk &gl=de&source=www.google.de;
http://www.swp.de/ulm/nachrichten/politik/LEITARTIKEL-GESELLSCHAFT-Im-Land-der-Freiwilligen;art4306,776332.

Van Bebber, F.: Die Fanclubs vom Campus, duz MAGAZIN 06/10 vom 28.05.2010 (Deutsche Universitätszeitung), abrufbar unter:
http://www.duz.de/docs/artikel/m_06_10fanclub.html.

„**Vergelts Gott!**" Das Ehrenamt – notwendig für unsere Gesellschaft? Beitrag von Erich Liebenwein, in Turnen. Zeitung des ST. Vieter Turnvereins, Ausgabe 5 – September 2010, S. 14, abrufbar unter:

http://www.turnverein-sanktveit.at/images/zeitung_2010%20sm.pdf.

http://www.cycling4fans.de/index.php?id=4777

http://www.dradio.de/dlf/sendungen/sport/1313324/

http://www.dradio.de/dlf/sendungen/sport/1275805/

http://www.maminetz.de/jugendliche-im-ehrenamt/, 16. Mai 2011

http://www.feedagg.com/feed/7081079/Mami-Netz